捨てられる教師

AIに駆逐される教師、生き残る教師

石川一郎

SB新書
638

はじめに――2040年、「捨てられる教師」と「生き残る教師」

突然ですが、想像してみてください。

時は2040年、ここに、あるふたりの教師がいます。

まずひとり――仮に教師Aとしましょう。教師Aは担当教科を熱心に教えます。教科書の内容を補強するためにお手製の教材を携えて教壇に立ち、後れを取っている生徒は丁寧にフォローし、集中力が続きづらい生徒にはマメに声をかけて黒板に目を向けさせる。とにかく一定の知識を教えきって、その知識の習得度合いを問うテストでクラス全員に点数を取らせるんだという使命感に燃えています。

教師Aは担任も受け持っています。担任の使命はクラスをひとつにまとめあげること。そのために、時には大きな声を出すことも厭《いと》いません。全校集会など、学校中の生徒が一堂に会するときこそ本領の発揮どころ。日ごろの訓練の成果とばかりに大号令をかけ、クラスの生徒たちを一斉に動かしたり、静かにさせたりします。

その甲斐《かい》あって、よく「A先生のクラスはいいクラス」と言われました。学校にも保護者にも評価されて満足でした。担任としての業務など、授業以外の様々な学校業務に追われて常に疲れていますが、それだけ大きなやりがいも実感しているのです。

ところが、ここ数年でしょうか、なんだか様子が違います。「もっと子どもの個性や才能を伸ばすような授業をしてください」と求められます。「このデジタル最盛時代に、授業で使うのは教科書とお手製の教材だけ？　信じられない」と責められます。

以前は天職だと思っていた教師という仕事が急に難しく感じられるようになり、職場である学校の居心地も悪くなるばかりです。

一方、もうひとりの教師――仮に教師Bとしましょう。教師Bも担当教科を熱心に教えますが、教師Aとはだいぶ勝手が違います。

授業では、まずYouTubeの解説動画を見せて知識面をざっとさらいます。

それがだいたい済んだら、クラスみんなで議論する時間が始まります。

「さっき学んだことを踏まえると、こういう場合はどうだろう?」

「仮にこうだったとしたら、君たちならどうする?」

「よし、今日はこういう図を使って、この問題を整理してみよう」

「君たちの考えが出尽くしたところで、ChatGPTに同じ問いを投げかけたら、どんな答えが出てくるかな?」

教師Bの授業というと、こんな時間が半分以上を占めるのです。

そうなるとテストの内容も教師Aのそれとは違います。知識を問う問題は半分以下で、半分以上は、ある所与の課題について生徒が知識を踏まえて自由に考えたことを述べる論述問題です。テストであるからには点数をつけますが、それは生徒に序列をつけるためではなく、より個性豊かな思考力を伸ばすための課題を明確化するためのものです。

ところで教師Bは担任を受け持っていません。担当教科を教えることに特化した専任教師として雇用されているからです。

そのおかげで教師Bは、もっとおもしろい授業、もっと取り組みがいのある課題を考えるよう時間を割くことができます。だから生徒たちはいっそう楽しく学び、各々の思考力がのびのびと育まれるという好循環が生じているのです。

＊＊＊

きわめて端的、象徴的に対比しましたが、2040年に教師A、教師Bのような異なるタイプの教師がいたら、前者は間違いなく「捨てられる教師」、後者は間違いなく「生き残る教師」になるでしょう。

本書が刊行される2023年は、今まで発達してきたデジタルテクノロジーがひとつの頂点に達した年でした。

そう言える理由は、ChatGPTをはじめとする生成AIの登場です。

生成AIに用いられている「大規模言語モデル（LLM= Large Language Model）そのものは、ここ数年で確立されたものではありません。もう十何年も前から研究開発が続けられ、私たちの目につきにくいところで社会実装もされてきました。

それがなぜ、特に2023年に注目を浴びたかというと、インターネット環境とパソコンさえあれば、誰もが、プログラム言語など使わずとも自然言語で生成AIを使えるサービスがリリースされたからです。それがChatGPTなどです。

さっそくChatGPTを使ってみて驚き、すでに仕事にフル活用している人もいれば、「自分には無縁」「そんな怪しいものには関わりたくない」などの理由で距離を取っている人もいるでしょう。

生成AIを使うかどうかは個人の自由。たしかにそうです。

しかし、決して頼り切りになるという意味ではなく、仕事のよきパートナーとして生成AIを活用できるかどうかが、個々人の創造性や生産性の大きな分かれ目になるだろうというのは、すでに多くの専門家や有識者が指摘しているとおりです。私もそう考えているひとりです。

もはや未来予測ではなく、早くも違いが現れつつあると見てもいいでしょう。テクノロジーを好むと好まざるとにかかわらず、これほどまでに発達したテクノロジーを誰もが活用できる便利ツールがある以上、やはり、それを活用した人から従来の殻を破り、大きく飛躍していくものなのです。

教師も例外ではありません。

無理な詰め込み教育はやめよう。教える内容を極端に削った「ゆとり教育」もやめよう。きちんと必要十分な知識は授け、なおかつ生徒を無用に苦しめることなく、各々の個性を伸ばせるような学校教育を実現していこう。こう言われるようになって久しいところですが、今までは限界がありました。日ごろ様々な仕事を抱え込んで疲弊している現場の教師には、この理想は荷が重すぎたからです。

2023年に登場した生成AIは、そんな教育現場の効率性や創造性を飛躍的に上げ、理想の教育を実現へと大きく前進させる、まさしくゲームチェンジャーといえます。使い方次第で大半の学校業務の人的労力は激減し、学校・教師の本分である「授業」の質も変化、向上させることができるはずです。

そして、この格好の機会に「教育現場におけるデジタルツールの活用」という視点を設けて考えてみると、実は、生成AI以外にも学校で活用できるデジタルツールは少なくないことに気づかされるでしょう。

本書は、「AI教育元年」ともいえる2023年の終わりに、改めて「教育の本質」を問うと同時に、本来あるべき学校教育を叶《かな》えていくために、これからの教師、授業、学校はどう変わっていったらいいのか、私なりに考えたことをまとめたものです。

学校とは本来、子どもたちが楽しく学び、やがて飛び出していく社会で豊かな人生を歩んでいく素地を培う場であるべきではないでしょうか。授業は、そのために各々の能力を伸ばすことに直結するもの、そして教師は、それぞれに異なる個性をもつ子どもたちを見守り、後押しする存在であるべきではないでしょうか。

本書をきっかけとして、これからの学校教育について真剣に考える同志がひとりでも増え、未来ある子どもたちに真に寄与する学校教育が一歩でも実現に近づくことにつながれば、著者としてそれに勝る喜びはありません。

捨てられる教師　AIに駆逐される教師、生き残る教師◉目次

2章 これからの「教師」はどうあるべきか
――「捨てられる教師」「生き残る教師」の境目とは

3章 これからの「授業」はどうあるべきか
——一方的に知識を授ける授業は、もう通用しない

4章 これからの「学校」はどうあるべきか
――「新時代の学び舎」の理想像を描き出す

1章

好機か脅威か？　教育現場のAI

――今、「教育の本質」が問われている

生成AIを「禁止」とする前に考えるべきこと

教師を悩ませている「宿題をどうするか」問題

生成ＡＩ——膨大な学習データを元に、ユーザーの問いかけに応じて答えを「生成」するＡＩの登場は、私たちに大きな驚きをもたらしました。

画期的だったのは、生成ＡＩの仕組み自体もそうですが、何より「パソコンとインターネット環境さえあれば、誰もが使うことができる」という点ではないでしょうか。プログラム言語などいっさい必要なく、普段使っている自然言語でプロンプトを入れたらＡＩが答えを生成してくれる。この点こそが、登場するや否やユーザー数が爆発的に増えた理由にほかならないでしょう。

そんな生成ＡＩは、キーワードひとつで立ちどころに情報を提示してくれる検索エンジンや、集合知の新たな形として瞬く間に広まった「ウィキペディア」に匹敵する、いや、それ以上の大きなゲームチェンジャーと言ってもいいかもしれません。

そのため、この最新テクノロジーの登場に対しては、創造性や生産性の向上を期待する喜びの声と同時に危機感を訴える声も多く聞かれます。

いったい何をもって真に「人間オリジナルの創造物」と言えるのか？　生成ＡＩを使って創造したものを、そのユーザーの「作品」と呼ぶか否か？　こんな議論が早くも芸術界、文芸界をはじめ各界で巻き起こっています。

生成ＡＩを大きな驚きと警戒感をもって受け止めているのは、教育界も例外ではありません。生成ＡＩの使用を認めるべきか、禁止すべきか——すでに国内外の学校、自治体、政府で対応が分かれています。

ＥＵ諸国では早くも、学校に限らず国民にChatGPTの使用を禁止、制限する動きが見られました。また、アメリカのニューヨーク市やシアトルでは、同域内の一部の公立校の端末からChatGPTにアクセスすることを禁止しています。さらに中国では、あまり不思議ではありませんが、ChatGPTへのアクセスがブロックされています（いずれも2023年10月時点での状況）。

一方、日本では、比較的歓迎されているといっていいでしょう。2022年のリリース直後には、SNSに「ChatGPTにこんな指示を与えたら、こんなすごいことになった」といった投稿が溢《あふ》れかえり、仕事の能率、生産性が上がるという感激の声もよく聞かれます。

ただし、とりわけ日本の学校や教師を悩ませているのは、「宿題をどうするか」という問題です。

生成AIを使えば、算数ドリルも自由研究も読書感想文も、生徒がほとんど頭も手も動かすことなく完成してしまう。それでは宿題の意味がないということで、2023年6月、ちょうど夏休み前の時期には、東京都教育委員会が文部科学省に先駆け、全都立校に「宿題における生成AI使用への注意喚起」を通達しました。

「使ってはダメ」では防げない

その後、2023年7月には文科省が、「初等中等教育段階における生成AIの利用に関する暫定的なガイドライン」を公表。教育現場にいる人なら、すでにご存じかと思いますが、次のような内容になっています。

■教育における生成AIの使用——適切な例

・子どもたちがグループで考えをまとめたり、アイデアを出したりする途中段階で、足りない視点を見つけ議論を深めるために活用すること。
・英会話の相手として使うこと。
・「情報モラル」を学ばせるため、あえて生成AIの誤った回答などを使って、その性質や限界について生徒に気づかせること。など

■教育における生成AIの使用——不適切な例

・生成AIのメリットやデメリットなどを学習せずに、子どもたちに使わせること。
・生徒が読書感想文などのコンクールやレポートを提出する際、生成AIが作ったものを自分の成果として提出すること。
・定期考査や小テストなどで子どもたちに使わせること。など

いずれも妥当な内容といっていいでしょう。とはいえ、インターネット環境下でパソコンを開けば、誰でも生成AIを使えるわけです。生徒からパソコンを取り上げるわけにもいきません。

しかも生成AIを使ったかどうかを完璧に見極める術《すべ》はないに等しい。生成AIは「小学校4年生のような文体で」といったオーダーにも巧みに応えてくれるため、かつて問題だった親などによる代筆のケースよりも、ずっと見抜きにくくなっているのです。

となれば、いくら「宿題に使ってはダメ」と言っても、一定数の生徒は密《ひそ》かに生成AIを使って宿題をすると考えるほうが自然でしょう。

では、どうしたらいいのか。教師は生徒に対して疑心暗鬼になりつつ、「使っちゃダメ」と通達するしかないのでしょうか。生徒から「なぜか」と問われても、「それがルールだから」と言うほかないのでしょうか。あるいは、生成AIを使ってできないような課題を何とか考え出して、与えなくてはいけないのでしょうか。

宿題が教師の「アリバイ作り」になっていないか

生成ＡＩを使って宿題をすることを禁止するかどうか。禁止するなら、どのように守らせるか。これらは問題の本質ではありません。私は「生成ＡＩを使って宿題をすることの是非」よりも先に、今こそ問うべきことがあると考えています。

それは、そもそも宿題というものが、教師にとって単なる「アリバイ作り」になってはいないだろうか、ということです。

まず、宿題とは何のために出すものなのでしょう。授業で習ったことを確実に定着させるため。授業で習ったことを自分なりに発展させるため。本来は、こうした目的意識の下で出されるものであるはずです。

ところが、それが単に「休みの間に生徒たちを遊び呆《ほう》けさせないためのもの」になってはいないだろうか？「宿題を出すのは、面倒見がいいことである」という勘違いはないだろうか？というのが私の疑問なのです。

その宿題を通じて、生徒がいかに学習内容を定着させるか、あるいは発展させるかは二の次で、「休みに入る生徒たちに、何かしら取り組むべき課題を与えた」という事実そのものに意味がある。宿題の内容・効果は別として「宿題を出した」という事実をもって教師の役割を果たしたと見なす。

そんな、まさしく教師の「アリバイ作り」のために、宿題が利用されているように思えてなりません。

教師も親も、そして生徒自身も、宿題とはそういうものだと思ってしまっている。だから教師も親も「宿題をちゃんとやりなさい」と命じることしかできませんし、生徒は親や教師にそう言われるから、渋々取り組むしかありません。

その宿題の「本当の意味」、伝えられますか？

そんなはずはない、と思われたのなら、少し考えてみてください。

「読書感想文」を書くことには、どのような意味がありますか？

「自由研究」には、いったいどんな意味があるのでしょう？

これらに対し、表層的な答えではなく、生徒も心から納得できるような答えがあるのなら、「こういう重要な意味があるからこそ、生成ＡＩ任せではなく、自分でやる必要がある」と自信をもって言えるでしょう。

生徒だって、その宿題をすることが本当に自分のためになると理解すれば、自分の力で取り組むはずです。生成ＡＩはおろか、親などの手を借りることもないでしょう。

生成ＡＩを使って宿題をすることを禁止するかどうか。禁止するなら、どのように守らせるか。これらは問題の本質ではないと私が述べた理由が、ここにあります。

生成ＡＩが登場してからの教育界の混乱は、単に、この非常によくできたツールが登場したために、改めて「生徒が自分で宿題をやらない」という危機感が高まっているだけに過ぎません。

言ってしまえば、かつては「家族に手伝ってもらってはいけません」と言っていたものが、「生成ＡＩに手伝ってもらってはいけません」に成り代わっただけでしょう。

そう、生徒が自分で宿題をやらないという現象は、今に始まったことではないのです。他者が書いた読書感想文や自由研究がフリマアプリで取引され、問題になったのも記憶に新しいところです。

生成ＡＩの登場をきっかけに問題が改めて顕在化しただけであって、生徒が自分で宿題をやらないことを生成ＡＩのせいにするべきではありません。それ以前に宿題のあり方を問い直さなくてはいけない。教師の「アリバイ作り」のためなどではない、本当に意味のある宿題ならば、あえて生成ＡＩを禁止するまでもないわけです。

今も昔も、宿題とは本来、自分で取り組むことに意味があるべきものです。ところが、いつしか宿題は教師たちの「アリバイ作り」となり、「自分の力で取り組むべき、本当に意味のある宿題」ではなくなってしまった。これこそが問題の本質なのです。

そして、このように問題を捉えてみれば、生成ＡＩの登場は教育にとって悲劇ではありません。むしろ真に有意義な教育環境のもと、使いようによっては子どもたちの学習効果を格段に高め、思考力や想像力、創造性を育むことに寄与する非常に有用なツールとなりうるでしょう。

「問い」をもって生成AIを使いこなせる人材を育てる

生成AIの有用性はユーザー次第

何事もそうですが、子どもは大人よりも順応力が高く、新しいツールや潮流にもすぐさま適応してしまいます。

生成ＡＩの受け止め方も、まさにそうです。親や教師が訝《いぶか》しがり、あるいは恐れ、その影響力や有害性、有意義性を計りかねている間にも、子どもたちの多くはどんどん自分の手で実際に生成ＡＩに触れ、早くも使いこなし方を体得しつつあります。

ただし、生成ＡＩが検索エンジンや「ウィキペディア」の域を出ない単なる「出来のいい情報収集ツール」に留《とど》まるか、生産性の向上、想像力や創造性の発揮を助けるパートナーとなるかはユーザーによります。

ひと言でいえば、何かしら「問い」「問題意識」のある人にとっては、生成ＡＩは頼れるパートナーになるでしょう。

「こういう情報が欲しい」という要望ではなく、「こういうことを実現するには、どうしたらいいだろうか？」という問いがある人にとって、生成ＡＩは格好の「アイデアの壁打ち相手」になります。

まるで生身の人間と意見を交わし、議論を重ねるかのように、生成ＡＩと共にひとつのアイデアを練り上げていくことができるのです。それも、生成ＡＩは人間の記憶力が到底及ばないほどの膨大なデータを学習しているわけですから、ある意味、アイデアの壁打ち相手としては、生身の人間よりも優秀と言ってもいいかもしれません。

学校教育で分かれる「ＡＩを使いこなす人」「ＡＩに取って代わられる人」

子どもと生成ＡＩの関係性においても、同じことがいえます。

ひとつの小さな知識の断片に触れたときに「じゃあ、これは？」「こういう場合はどう？」「その知識を使ってどんなことができる？」「こんなことはできる？」と発想が広がっていく。そんな知的好奇心の強い子にとって、生成ＡＩは、思考力や想像力、創造性を育む助力となるでしょう。

ただ、現状としては、そこまでのレベルで生成ＡＩを使いこなしている子どもは、それほど多くないようです。

おそらく今後、生成ＡＩは多くの仕事において欠かせないものになっていくでしょう。言い方を変えれば「生成ＡＩを使って思考力や想像力、創造性を発揮し、生産性を向上できる人」と、「生成ＡＩに取って代わられてしまう人」とでは大きく明暗が分かれる世の中になると考えられます。

そうであるならば、生成ＡＩを格好の壁打ち相手としてアイデアを練り上げる能力を、いかに子どものうちから育むかを考えねばなりません。「問い」「問題意識」をもって生成ＡＩを使いこなせる思考力を育んでいくことが、これからの教育の最大のテーマとなっていくでしょう。

生成ＡＩを授業に使うアイデア

知識・情報の収集に使うだけではもったいない

生成ＡＩの登場は教育において脅威ではなく、使いようによっては子どもの思考力や想像力、創造性を育む好機である。

本書ではそんな認識の下、生成ＡＩを含む様々なデジタルツールを教育に取り入れるアイデアも共有していきたいと思っています。

具体論に入る前に大きなビジョンを共有しておくと、生成ＡＩの最も有効な使い道は、「高次思考のパートナー」とすることです。

人間の思考は、「知識を得る」「理解する」「応用する」から始まり、「分析する」「評価する」「創造する」という順序で次第に高次になっていきます。

この分類は「ブルーム・タキソノミー」と呼ばれており、欧米では教育の基本的な指針として浸透しています。ブルーム・タキソノミーについての詳細は後の章に譲るとして、ここでは、いかに生成ＡＩが高次思考、ブルーム・タキソノミーで言うところの「分析」「評価」「創造」に役立つのかをお話ししておきましょう。

たとえば、ChatGPTに「第一次世界大戦は、いつ、いかなるきっかけで勃発したのか」と問えば、一瞬で次のような答えが表示されます（実際にChatGPT-3.5に上記のプロンプト〈生成ＡＩに与える指示のこと〉を入れた結果です）。

第一次世界大戦は、１９１４年7月28日に勃発しました。そのきっかけは、フランツ・フェルディナント大公（オーストリア＝ハンガリー帝国の皇族）とその妻ゾフィーが１９１４年6月28日にサラエボで暗殺された事件でした。この事件は、セルビアのナショナリスト組織「黒手（ブラック・ハンド）」のメンバーによって実行されました。

オーストリア＝ハンガリー帝国はこの暗殺事件を受けてセルビアに対して厳しい要求を突き付けました。これが「サラエボ事件」（または「フランツ・フェルディナント暗殺事件」）として知られ、国際的な緊張を高めました。その後、ヨーロッパの各国が同盟体制に結びついて対立が激化し、大戦勃発の引き金となりました。

オーストリア＝ハンガリー帝国がセルビアに対する宣戦布告を行ったことをきっかけに、ヨーロッパ各国が相互に宣戦布告し、第一次世界大戦が勃発しました。この大戦は、1914年から1918年まで続き、多くの国が巻き込まれ、壮絶な戦闘と犠牲をもたらしました。

ご覧のとおり、知識が編集されていて非常にわかりやすい。しかし、こうした低次思考的な使い方ではGoogle検索や「ウィキペディア」と大して変わりません。「アイデアの壁打ち相手にできること」こそが生成ＡＩの画期的な点ですから、単なる検索エンジンやウェブ事典的な使い方をするだけでは宝の持ち腐れなのです。

何より大きな問題として、生成ＡＩは時として大きく間違えることがあります。

生成ＡＩの仕組みである「大規模言語モデル（ＬＬＭ）」とは、ざっくりいうと、大量のデータ学習をし、それらをパターン認識して答えを生成するというものです。

ですから、学習したデータ量が十分でない分野の問いを投げかけられたときには、少ないデータを使って何とかパターン認識をひねり出し、その結果、とんでもない「事実」を捏造《ねつぞう》することがあるのです。これは「生成ＡＩの答えを鵜呑《うの》みにしてはいけない」理由として、世間でもよく指摘されています。

そう考えると、「生成ＡＩは何を聞いても一瞬で答えを出してくれる」と錯覚しがちですが、ユーザーが正誤を見極められない未知の知識や情報を調べるツールには実は適切ではないといえます。生成ＡＩに「正解」を期待してはいけない。これが生成ＡＩに対する正しい態度なのです。

「正解のない問題」を生成AIと共に考える

そこで考えたいのが、高次思考的な生成ＡＩの使い道です。

端的にいえば、高次思考とは「正解のない問い」について考えることです。

先の「第一次世界大戦は、いつ、いかなるきっかけで起こったのか」という問いには明確な正解があります。しかし、「戦争の是非とは？」「世界から戦争をなくす方法はないのか？」といった問いには、価値観や立場によって異なる意見がありうるので、絶対的な正解はありません。

このように「正解のない問い」について考えなくてはいけない局面が、実社会では多々あります。

学校のテスト問題には、たいてい「正解」がありますが、社会に出たら「正解のある問い」のほうが圧倒的に少ない。「どんな商品が売れるか」といったビジネス的な問いから、「何をして生きていくか」といった人生の問いまで、ほとんどの問いには正解がないといってもいいくらいではないでしょうか。

つまり、実社会では「すでにある正解を出す力」よりも、「正解のない問いについて考え、自分なりの正解を導く力」のほうが重要である。その反映というべきか、大学の入試問題にも、「正解のない問い」について「自分なりに考えた正解」を述べる高次思考を試す問題が見られるようになっています。

一例を挙げると、2022年度の慶應義塾大学環境情報学部の入試には、次のような設問がありました（全2問のうち「問2」のみを掲載）。

問2．

【注意】以下の記述は出題上の架空の設定です。大学および学部による実際の取り組みとなるとは限りません。（以下略）

環境情報学部では2022年度より「未来からの留学生派遣制度」の導入を検討しています。「未来からの留学生派遣制度」では2022年度入学生の一部を2年前の2020年4月入学生として過去の時空間に派遣し2年間を過ごしていただきます。対象者は2022年4月1日時点の記憶を持った状態で2020年4月1日に向かいます。そこで皆さんが経験する出来事は皆さんの働きかけによって変化しうる（皆さんが知っている歴史を変えることができる）ものとします。なお過去に持ち物を持っていくことはできません。また、この2年の間にさらに過去や未来に移動することはできません。

環境情報学部ではこのような特別な機会を最大限有意義に活用し、よりよい世界を実現する意欲と力のある人に入学してもらいたいと考えています。特に他の人と異なる視点や創造的なアイデアなどを高く評価します。

以上を前提として以下の問に答える形で活動計画を記述してください。なお時間移動に伴い発生する矛盾点（タイムパラドックス）等については各自で考えた設定を用いてください。

問2－1．
入学後この「未来からの留学生派遣制度」にあなたが参加し2020年4月に行くことができた場合に、この機会を活かして解決したい、あるいは解決できると考える問題について、分かりやすく印象的な名称を考え解答欄2－1に記述してください。

問2－2．

問２－１で記述した問題の解決について、過去に移動できる「未来からの留学生派遣制度」という特別な機会を通じて取り組むことの意義を２００文字以内で解答欄２－２に記述してください。

問２－３.

問２－１で記述した問題を解決する方法の具体的なアイデアを解答欄２－３の枠内に記述してください。必要に応じて図や絵を用いてもかまいません。柔軟な発想や奇抜なアイデアを歓迎します。

問２－４.

その問題解決の実現に向け2年間にどのような活動を行うのか具体的な手順を解答欄２－４に記述してください。解答欄の左端に時系列を示す直線が用意されていますので利用してください。図や絵を使用してもかまいません。創造性豊かな構想を期待します。

最近話題になっているタイムリープ的な問題ですが、ポイントは2020年の4月に戻るという点です。新型コロナウイルスの流行によって一斉休校の措置がとられたりしたころに、現在の記憶をもったまま戻ったら、どんな働きかけをするのかが問われています。まさしく思考力や想像力、創造性を要する高次思考を試す問題であり、それには、こうした「架空の設定」がうってつけなのでしょう。

決して受験対策のヒントという意味合いで例示したわけではありません。「正解のない問い」について柔軟に考え、想像力を働かせ、創造性豊かな「自分なりの正解」を導く能力が必要であるという社会側の要請に、ようやく大学入試が追いつき、応えるようになってきたというのが重要なポイントです。

つまり、大学受験をするかどうか、どんな大学を受けるのかに関係なく、早いうちから子どもの高次思考を鍛える。それは、これから社会に出る子どもたちが、自身の個性や才能を発揮しながら生きていくために必要なプロセスなのです。

そこで非常に有用になっていくと考えられるのが、生成ＡＩです。先に「生成ＡＩ

に正解を期待してはいけない」と述べました。むしろ「正解のない問い」について考えるときこそ、生成ＡＩの出番といえるのです。

学校の科目でいえば、「倫理・道徳」に当たるところ。そこに生成ＡＩを取り入れるというのは、ひとつのアイデアでしょう。

たとえばクラス内でひとつの問題（正解のない問い）について議論する場合、生徒にとって「他の子たちと違う意見」を言うのは勇気がいるものです。

そうなってしまっている一番の原因は、そもそも日本の教育現場には「他者と自由闊達《かったつ》に意見を交わす」という訓練過程がなく、「意見は他者と違っていいし、人それぞれの意見があって当然」という通念が欠けていることでしょう。

だから、ちょっとでも人と違った意見を言う生徒はクラス内で「変わり者」として馬鹿にされたり、仲間はずれにされたりする恐れがあるわけです。

その点、生成ＡＩには人格がなく、したがって周りに対する忖度《そんたく》も恐れもなく、ただ膨大な学習データからひとつの答えを生成するだけです。

そこで「ChatGPT は何と答えるだろうか？」という視点をひとつ挟むと、忖度も恐れもなく示される考え方を共有することで少数派も意見を言いやすくなり、クラス内の議論がより多様化、活性化することは十分に考えられるでしょう。

生成AIを最大限、活用する3条件

ただし、これは「生成ＡＩを授業に取り入れればいい」というような単純な話ではありません。生成ＡＩを授業に取り入れている教師こそが先進的で有能、という話でもありません。

やはり問題は取り入れ方なのです。高次思考的な生成ＡＩの使い方を成功させるには、大きく３つの条件があると思います。

まずひとつめは、授業を主導する教師自身が高次思考をできること。

学びにおいて、生徒は良くも悪くも教師の影響を強く受けます。学問に対する教師の姿勢が低次的であったり、課題解決に対する教師の姿勢が同調圧力的であったりしたら、生徒の多くもそうなってしまうでしょう。

高次思考的な生成AIの使い方を成功させる3条件

- **条件①** ▶授業を主導する教師自身が高次思考をできること
- **条件②** ▶生徒に「考える技法」を授けること
- **条件③** ▶教師が適切な「問い」を発すること

逆に、もともと教師が高次的な思考をしていれば、自《おの》ずと高次思考的に生成ＡＩを使うでしょうし、それを日常的に目にする生徒も同様の使い方をするはずです。

ふたつめは、生徒に「考える技法」を授けることです。

いきなり授業で「さあ、この問題について考えてみよう」と投げかけても、まだ「物事を深く考える」ということを知らない生徒たちはどうしていいかわかりません。

これでは、課題を投げたまま放置することになり、生徒は何の能力も身につかない。ただ「ある課題について考える時間を設けた」という教師都合のアリバイが作られるだけ、ということになりかねません。

物事を考える際に視点を定め、課題に切り込み、考えを深めるのは、まず基本的な手法を教わらないとできないものなのです。

「考える」という行為は、物事を比較したり、分類したり、多面的に眺めたり、多角的に捉えたりといったことの繰り返しです。これは多分に技法的なものであり、勘と経験のような曖昧な感覚ではなく、ツールを使って鍛えることができます。「考える技法」を生徒に授けるためには、多種多様なシンキングツールを使った「思考のトレーニング」を授業内で行う必要があるということです（シンキングツールの種類については3章でも取り上げますが、学年ごとの思考スキルなどについては、千葉県印西市立原山小学校の公式サイト内「思考スキルと思考ツール」に詳しいため、気になる方はご覧になるといいでしょう）。

そしてシンキングツールを使って考える技法を授ける際には、教師が適切な「問い」を発することが非常に重要です。これが3つめの条件です。

教師からの「問い」によって課題の解像度を上げる。ただ与えられたままの形ではぼんやりとしか捉えられない課題に補助線を引いてあげて、「何について、どのような切り口を設け、考えればいいのか」、いくつかの選択肢を与えるイメージです。

思考とは「絞られた問い」があって初めて動き出すものです。それは大人でも変わりませんが、まだ考えることに慣れていない子どもには補助が必要です。「絞られた問い」を教師から示す必要がある。その意味でも、「正解のない問い」について考える高次思考の素養が、やはり教師には欠かせないといえます。

そして、この「絞られた問い」こそが生成ＡＩにおける「プロンプト」です。「プロンプト」をもって初めて生成ＡＩは優れたパートナーになるのです。

これらの条件をいかに満たすかについては3章で詳しくお話しします。ここではまず、近ごろ教育界を悩ませている「生成ＡＩの是非」について、次のことを頭に入れておいてください。

・「生成ＡＩは使い方次第で生徒の思考力や想像力、創造性を高めるのに役立つ」けれども、安易に生成ＡＩを授業に取り入れても意味はない。

・生成ＡＩを真に役立てるには、「教師自身が高次思考をできること」「生徒に考える技法を授けること」「適切な問いを投げかけること」という3つの条件がある。

では次章から、この最新テクノロジーの時代に、教師は、教育は、そして学校は、今後どうなっていくべきなのかを具体的に考えていきましょう。

2章

これからの「教師」はどうあるべきか

――「捨てられる教師」「生き残る教師」の境目とは

日本の学校教育に変化を求める「3つの事実」

いよいよ「大学全入時代」がやってくる

今、日本の学校教育は大きな変化の時を迎えています。特に2040年あたりまで、つまり今後20年弱の間に、いよいよ昭和・平成の名残は消失し、学校教育は真に新しい時代に突入することが予想されます。

この変化のうねりの元となるのは、ある3つの事実です。

第一の事実は、少子化の加速です。

もとより減少傾向にあった日本の出生数ですが、2015年では、まだ100万人を超えていました。ところが2016年、統計を取り始めて以来初めて100万人を割ると、2019年には90万人を割り、2022年には80万人を割り……と、政府予

既存の学校教育を大きく揺るがす3つの事実

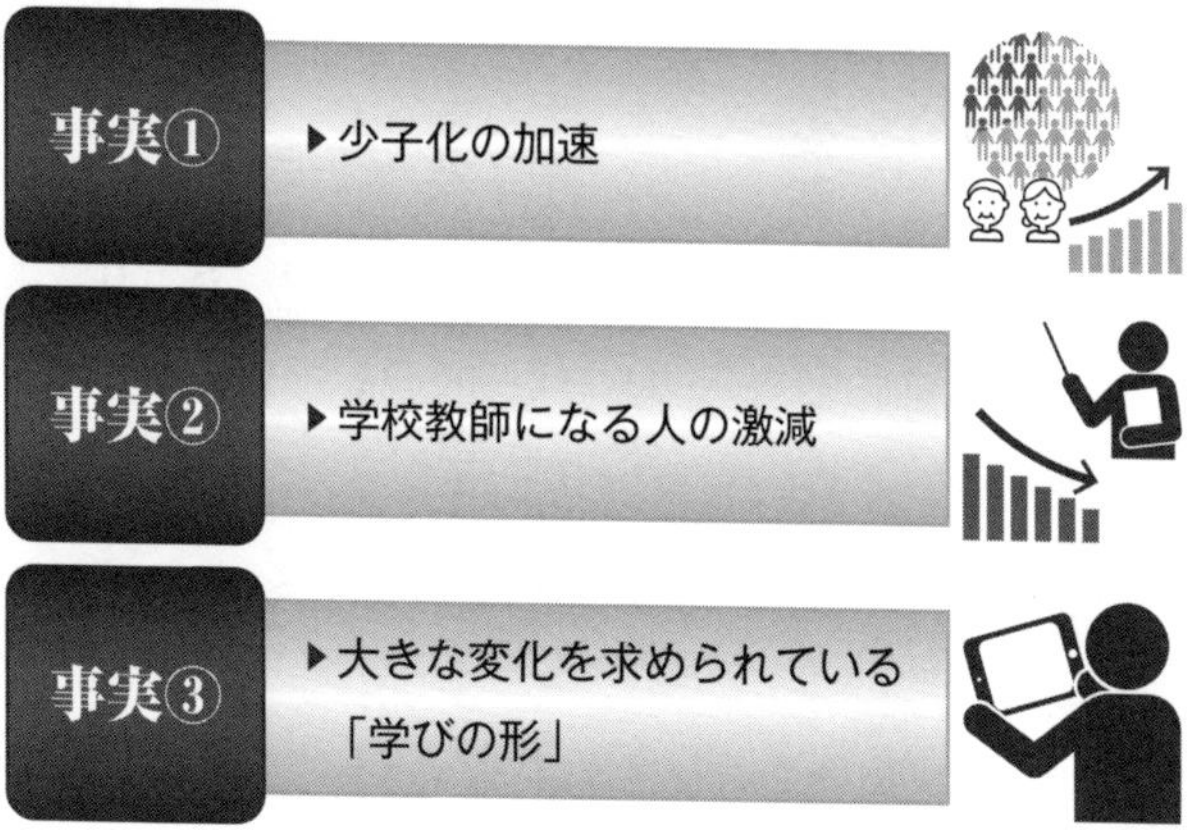
事実①
▶少子化の加速
事実②
▶学校教師になる人の激減
事実③
▶大きな変化を求められている「学びの形」

想を超える速さで少子化が進んでいます。

この急速な少子化の進行は、新型コロナウイルスのパンデミックで約3年もの間、他者との接触が忌避される日々が続いたことと無関係ではないでしょう。

ともあれ、子どもが減ることは教育事業が縮小することを意味します。特に大きな影響を受けるのは大学でしょう。

２０２２年に生まれた子どもは77万７４７人。

大学への進学率は平均して60%ほどですから、単純計算で、２０２２年生まれの子どものうち大学進学するのは約46万人――。

さて、これが何を意味するか、おわかり

でしょうか。

出生数が100万人を超えていたころは60万人以上が大学進学していたものが、約46万人にまで落ち込む。すると、医大などの一部の専科大学、東大・京大など難関国立大学、早慶上理、GMARCHの一部の学部までは入試による選抜が機能しても、それ以下の大学は「試験さえ受ければ誰でも入学できる」という事態になるでしょう。

つまり2022年生まれの子どもたちが17年後、高校を卒業する2040年、いわゆる「大学全入時代」が訪れると考えられるのです。それどころか定員割れを起こし、経営不振に陥った結果、自然淘汰《とうた》される大学も出てくることが考えられます。

学校は深刻な人材不足に陥っている

第二に、学校教師になる人が激減しているという事実があります。

学校は、よく「ブラック職場」といわれます。

それもそのはずで、学校教師は、授業のほかに担任、生活指導や進路指導、保護者対応、職員会議、もろもろの書類作成、部活の顧問などなど、とにかく仕事が多いのです。その合間を縫って、担当教科の授業の準備をし、宿題を考え、テストを作り、採点するなどの仕事をこなさなくてはいけません。

それでも、教育に関心がある人ならば教師になるだろう、と思われるかもしれませんが、受け皿は学校だけではありません。

テストの点を取らせることに関心がある人には大手予備校や塾、教育の仕組みづくりに関心がある人には教育事業を展開する民間企業に就職するという道があります。しかも、これらのなかには学校教師よりもずっと高給なところも多く見られます。

というわけで、教育に関心があり、かつ就職戦線を勝ち抜ける優秀な人ほど学校教師にならない。こうして、本来ならば教育の中枢を担う機関であるはずの学校が、いわば人材のエアポケットになってしまっているのです。

この事実はまた、日本の学校教育がなかなか根本的に変化しない理由にもなっています。

教育に関心があり、新しいアイデアのある人ほど、「学校ではないところ」で教育に関わろうとする。裏を返せば、旧来の価値観や手法のままでいい、学校に変化など必要ないとする保守的な人たちが学校に集まる傾向があるというわけです。

採用側である学校としても、今までの自分たちのやり方を否定されたくありません。となると熱い教育改革論をぶつけてくる人よりも、早々に自分たちの色に染まってくれそうな人のほうが好ましいので、いくら新しい人材を採用しても、一向に変化は起こらない。それどころか旧来の価値観や手法が固定化し、強化されやすいのです。

かくして、世の中は刻一刻と変化しているというのに、学校だけは取り残されたまま日本国内のガラパゴスと化していることは否めません。

あるべき「学びの形」が変わっている

そして第三の事実として挙げなくてはいけないのが、優れたデジタルツールの登場により、学びの形が変化を求められていることです。

こういうと、2022年に日本でもリリースされて話題をさらったChatGPTなど、生成AIを思い浮かべるかもしれませんが、デジタルツールが教育に与える影響は、今に始まったことではありません。Google検索、もっといえばパソコンとインターネットが普及したころから、ずっと起きてきたことです。

かつては「知識があること」自体に価値がありました。ところが、その価値はパソコン、インターネット、Google検索の登場以来、どんどん薄れてきました。本から知識を得て記憶しておかなくても、キーワードひとつ打ち込むだけで知識を得られるからです。

わからないことに出会ったら、Googleで検索すればいい。「あれって何だっけ？」と思うたびにGoogle検索で確認すればいい。この発想は、手のひらサイズのパソコンともいえるスマートフォンの普及によって、いっそう強く人々に根付きました。

こうして「知識があること」自体の価値が薄れるのと引き換えに、価値が高まってきたのは思考力や想像力、創造性です。知識を蓄えることではなく、知識を使って考え、想像し、創造する能力が重んじられるようになりました。

世の中のニーズが変われば、それに即して学校教育も変化しなくてはいけません。

優れたデジタルツールの登場により、学びの形が変化を求められているという第三の事実とは、つまり、知識の詰め込みから脱し、生徒の思考力や想像力、創造性を伸ばす学校教育へと舵《かじ》を切る必要性につながっているというわけです。

Z世代が親になるとき、昭和の教育は終わる

さて前項でお話しした3つの事実を並べてみると、従来の学校教育は、すでに詰んでいる、オワコン化しているという結論にならざるをえません。

授業で知識を授ける。その知識の習熟度を計るためにテストをする。採点する。評価する。そんな昭和・平成時代にどっぷり浸《つ》かったままの学校教育では、これからの時代を生きていく生徒たちの能力を伸ばすことはできないでしょう。

そして、生徒たちの能力を伸ばすことができない教師は、早晩、捨てられる——お役御免となって仕事を失うことになるのは目に見えています。

この潮流は、おそらく2030年代から2040年代にひとつのピークを迎え、さらに現在の20代、「Z世代」と呼ばれる人たちが親になるころから、いっそう大きな渦になっていくでしょう。

というのも、現在の30代前半の世代、いわゆる「ゆとり世代」ではまだ見られる昭

和・平成の価値観の影響が、1990年代半ば以降に生まれ、今では10代〜20代中盤になっている世代、いわゆる「Z世代」にはまったく見られないからです。つまり昭和・平成の価値観が通用しない世代が親になるとき、長く続いてきた昭和・平成の学校教育は「本当の終わり」を迎えると考えられます。

「終わり」と聞いてネガティブな印象を抱かれたかもしれません。

しかし大学全入時代の到来によって受験戦争がなくなり、従来の定型的な教育から思考力や想像力、創造性を育む方向への変容が求められていること自体は、未来ある子どもたちにとって、非常に好ましい変化です。

昭和・平成の学校教育の終焉《しゅうえん》は、長らく叫ばれつつも実現してこなかった「一人ひとりの個性を生かし、伸ばし、輝かせる教育」の始まりとなるチャンスなのです。

では、そんな世代交代に伴う価値観の変化や社会的要請に応えるために、日本の学校教育は、どう具体的に変わっていったらいいのでしょうか。

すでに詰んでいるに等しい状況でも、そこから立て直していく道はあるか。もちろん、道はあります。まず本章では、「これからの教師はどうあるべきか」を考えていきましょう。

教育のプロセスは「ブルーム・タキソノミー」で考える

教育の本質とは何か

かつてはGoogle検索、昨今では生成AIと、テクノロジーの進化により便利なツールが登場するたびに、その是非が教育界では議論されてきました。

教育に携わる者として最新テクノロジーの何たるかを知り、いかに活用するか、あるいはいかに警戒するかを議論することは、たしかに重要です。

しかし、どれほどテクノロジーが発達しようとも、現代と未来の教育において本質的に重要なことは変わらないのではないでしょうか。

それは、未来ある子どもたちが、それぞれの個性を損なわれることなく探究心旺盛に学び、それぞれの特質に基づいた能力を花開かせる手伝いをすることです。

そんな学校教育を叶えるために、最新テクノロジーをどう活用していったらいいのか。そういう議論ならば大いに交わし、筋のよいアイデアは積極的に実装していくべきでしょう。

そのために、ここではまず、先に述べた教育の本質についてもう少し深く考えておきたいと思います。

学習指導要領の変遷にも見られるように、学校教育の目的は時代ごとに移り変わってきました。

たとえば戦後間のないころには「基礎学力」が重んじられ、そこから、いわゆる画一的な「詰め込み教育」が始まりました。それが現代では、知識の詰め込みよりも「主体的・対話的で深い学び」が重んじられるようになっています。生徒たちの主体性に重きを置く「アクティブ・ラーニング」という概念も生まれました。

かつては日本の社会・経済復興を支える人材創出のため、足並み揃《そろ》えてテストで点数を取らせることに重きが置かれていました。しかし今では、社会がより多様化するなかで、一人ひとりの特性や得意分野を伸ばすことが重視されるようになってきている、そう言ってもいいでしょう。

そこで近年、教育のプロセスの指標として「ブルーム・タキソノミー」という分類法が注目されています。

「知識を授けるだけの授業」から「思考で遊べる授業」へ

ブルーム・タキソノミーとは、1973年にアメリカの認知心理学者ベンジャミン・ブルームの研究チームによって作成されました。その改訂版（2001年版）では次の図のように、「知識」「理解」に始まり「評価」に至る教育のプロセスが分類されています。

日本の従来の学校教育は、「知識」「理解」「応用」までをカバーしてきました。授けられた知識を正確に理解し、それを応用して物事を推測する能力を身につけさ

改訂版ブルーム・タキソノミー

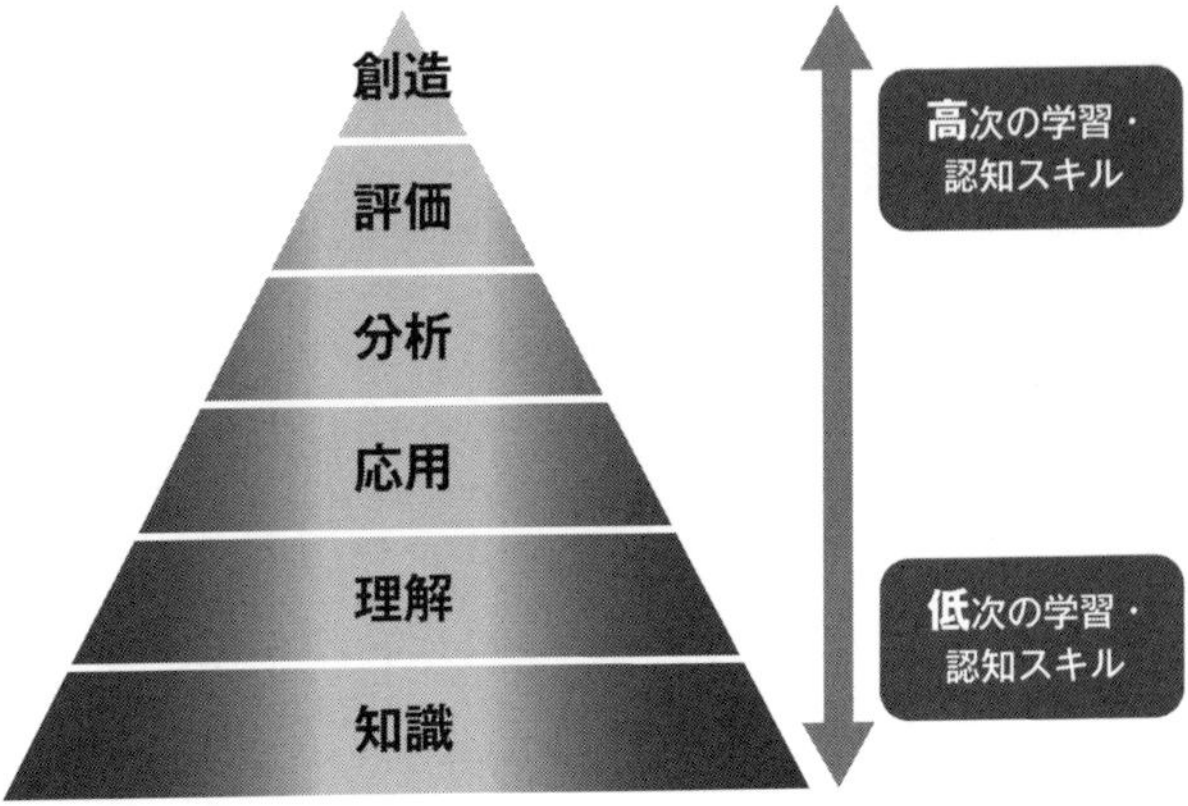

せるところまでが学校教育の役割だった。「右に倣え、前に倣え」式で経済を発展させていた一昔前ならば、それで十分でした。

しかし今は違います。

「知識」「理解」「応用」の上で物事を分類、構造的に理解し、予測を立てる「分析」の能力。そのうえで物事の様々な要素を集めてきて編集し、そこから仮説を立てて新しいことを構想し、自分なりの価値観や哲学、信念をもって自己決定を下す「評価」の能力。さらに何かを生み出す「創造」の能力――。

「知識」「理解」「応用」までは正解のある低次思考である一方、「分析」「評価」「創造」は正解のない高次思考です。
正解のない問いについて、知識を元に論理的、多角的に迫り、個別・具体的な認知とメタ的・俯瞰《ふかん》的認知を行き来しながら、最終的には自分軸に従って決定を下し、新しい価値などを創造する。

こんなふうに、思考を自由に遊ばせ、新しい価値を創造する能力がなくては、これからの世の中、社会の一員として各々の個性や才能を発揮しながら生き抜いていくことはできないでしょう。

つまり学校教育は、もはや「知識」「理解」「応用」に留まらず、生徒たちが「分析」「評価」「創造」という基礎体力を身につける手伝いができるよう変化する必要があるのです。

知識を詰め込むだけでなく、知識を元に自由に思考する。低次思考を高次思考につなげ、自分なりに決定を下したり創造したりできる術を教えるということです。

ところが現状は、多くの学校教育は未《いま》だに「知識」「理解」「応用」止まりにもかかわらず、社会に出たとたん「分析」「評価」「創造」の能力が求められます。

若い人たちからすれば、今までほとんど訓練してこなかったことを急に求められるという理不尽な状況が生まれているわけです。この学校教育と実社会のギャップを、早く埋めなくてはいけません。

新時代は、この2タイプの教師が活躍する

「知識」「理解」「応用」に留まらず、「分析」「評価」「創造」する力を伸ばす。従来の学校教育の枠を超えていくには、まず教師が変わる必要があります。では、単なる知識の詰め込みではなく、低次的な思考から高次的な思考を経て何かを創造する力を伸ばせるのは、どんな教師なのでしょうか。

誰も「自分にできないこと」を人に教えることはできませんから、生徒たちの高次的な思考力を伸ばすには、教師は、すでに高次的な思考力を持ち合わせていなくては

これからの時代に活躍する2タイプの教師

いけません。そう考えると、これからの時代に活躍する教師像としてふたつのタイプが浮かび上がってきます。

高次思考が身についている「博士」先生

ひとつは、自身の担当教科に関して深い見識のあるタイプです。

日本の大学は、講義に出席して卒業に必要な単位さえ取得すれば、高度な専門知識を会得せぬままでも卒業できてしまうため、生半可な大卒者ではおそらく不十分です。でも大学院で修論、博論に取り組むとなると、かなり高次的な思考が求められます。つまり修士号、博士号を取得している人が、このタイプに当たります。

ある学問を志して修士課程、博士課程に進み、自ら設けた研究テーマを追究した人なら、低次思考の重要性も、低次思考を元に発展させる高次思考の重要性も、身をもって理解しているはずです。その学究の経験は、必ずや、生徒たちの高次思考を鍛えることに役立つでしょう。

実社会で活躍している「社会人」先生

もうひとつは、社会人経験を積んでいるタイプです。

先ほど、学校教育は低次思考止まりなのに、実社会では高次思考が求められると言いました。つまり、すでに一定の社会人経験を積んでいる人は、実際に仕事をするなかで高次思考、つまり「分析」「評価」「創造」の力を実践的に身につけてきた人といえるのです。

業種にかかわらず、多くの仕事は物事を分析し、様々な要素を考え合わせて未来を推測し、ある仮説のもとで新しい価値を創造するということの繰り返しです。「博士」

先生と同様、高次思考ができなくては仕事が成り立ちません。

本書の制作にしても、「生成ＡＩをはじめとするデジタルテクノロジーが教育のあり方を変えようとしている」という分析から始まり、「そのなかで、教師は、教育は、学校はどう変わっていくかを読み解く本には一定のニーズがあるはずだ」という仮説のもとで企画がスタートしたわけです。

そして著者である私や担当編集者を筆頭に、様々な人が知恵と能力を出し合って「一冊の本」という価値を生み出そうとしている。まさに、「分析」「評価」「創造」のプロセスそのものです。

出版に限らず、多くの社会人は、日々、こうしたプロセスを踏んでいるのです。しかも机上の空論ではなく、実益を生むためのプロセスですから真剣勝負です。「社会人」先生を迎えることで、そんな本物の能力、実社会で実際に生きているスキルに触れることができるのは、生徒にとって貴重な機会となるでしょう。

たとえば、プロのライターや新聞記者を国語の教師として迎えるというのは、非常にいいアイデアだと思います。

文章を書くという課題ひとつをとっても、人に取材し、記事をまとめることを生業《なりわい》としているプロに教わるのと、大学で教職免許を取ってストレートで学校に就職した国語教師に教わるのとでは、学びの質は大きく異なって当然でしょう。

国語教師は文法や漢字の間違いに赤字を入れることはできますが、これはあくまでも「知識」「理解」「応用」、つまり低次思考のレベルに過ぎません。

それよりも高次な思考が求められるところ――「あるテーマについて自分なりに知識や情報を収集し、仮説を立てたうえで特定の人から話を引き出し、それを不特定多数の人々に伝わるように文章にまとめる」というところでは、おそらく既存の国語教師は、ほとんど使い物になりません。

教師自身にその経験がなければ、教えられなくても仕方がないのです。

これはほんの一例です。営業部門や企画開発部門、研究開発部門などで仕事をしてきた人が、その実体験をもとに組み立てる授業ならば、単なる座学の域を超え、実社会ですぐにでも役立ちそうな高次思考の基礎を築くことができるはずです。

その分、知識を一方的に授け、「正解のあるテスト」を出すことをゴールとしてきた既存の教師は、どんどん苦しい立場に置かれていくでしょう。

「憧れの気持ち」が学ぶ原動力になる

「博士」先生と「社会人」先生の両方に共通するのは、生徒にとってひとつのロールモデルとなり、憧れを喚起することで「学びに対するモチベーション」の源になりうるということです。「博士」先生は、好きで学問の道に進んだわけですから、きっと自身の専門分野に関しては話しだしたら止まらないというくらい、楽しく教えるでしょう。

深い知識・見識を持ち合わせているという信頼感だけでなく、何より、苦労は多々あれども研究することを楽しんでいる様は、きっと生徒の目には眩《まぶ》しく映ります。学問の存在意義を体得し、学ぶことの純粋な喜びが醸成される可能性が高いのです。

一方、「社会人」先生は「分析」「評価」「創造」のプロセスを、机上ではなく実社会で繰り返している。ひょっとしたら、その人が関わったプロジェクトの成果物に、生徒たち自身も触れたことがあるかもしれません。

そんな実感を得たとき、きっと生徒たちは、「考える練習をすることが、こうして社会で生きるのか」と実感し、「なぜ学ぶのか」「いかに学ぶべきか」が改めて（もしかしたら初めて）腑《ふ》に落ちます。この納得感が、学ぶことに対するモチベーションを高めることにつながる、というわけです。

そもそも知識や情報を得るだけならば、Google検索で事足りる時代です。そればかりか、少しYouTubeを検索すれば、各教科、各単元について非常にわかりやすい解説動画がたくさん見つかります。

つまり、知識や情報を与えることだけを職務と考えている教師は、遅かれ早かれ不要になっていく。代わりに、今、述べたような「生徒のロールモデルとなり、憧れを抱かせることで学びのモチベーションを高める」素養を持ち合わせた教師が、今後、ものすごい勢いで重用されるようになっていくと考えられます。

こういう教師は「オワコン化」する

もう教師に「指導力」はいらない

一方、向こう20年弱で確実にオワコン化していく教師のタイプもあります。

ひと言でいえば高次思考を苦手とする教師は、これから先、教師に求められることができないという理由で仕事を失っていくでしょう。

では、「高次思考を苦手とする教師」とはどんな教師か。昭和・平成の価値観や手法にどっぷり浸かっているタイプなのですが、もう少し解像度を上げて、その生態を具体的に述べると次のような感じです。

①無闇に自分の担任クラスを一致団結させたがる

規則や集団行動の意義・目的をあまり考えたことがなく、生徒に説明することもできない。ただ自分の発声ひとつで生徒を静かにさせたり動かしたり、ルールを守らせたりすることで、「○○先生のクラスはいいクラス」と言われたいだけであり、クラスを一致団結させることが、自分の自己承認欲求を満たす手段になっている。気合、我慢、忍耐といった根性論が好きな傾向も強い。

②生徒の力を伸ばす基準が「定期テスト」「受験対策」にしかない

授業に独創性がなく、同じ教え方を繰り返している。その科目を学ぶことがいかに楽しいか、いかに意味があるか、あるいは知識を習得することにはどんな意味があるのかなどの「学びの本質」には触れない。学期内（中間・期末）の範囲を機械的に教えきるだけで、「ここはテストに出るから覚えておくように」式の伝え方しかできない。生徒の個性を生かし、伸ばすことではなく、「そこそこの大学に受かれるくらいの学力」を授けることに意識が向けられている。

このタイプの教師は、大号令をかけて生徒を動かすことには長《た》けています。言うことを聞かなそうな「問題児」や、授業で後れを取っている生徒に特に目配りをして、クラスのみんなと足並みを揃えさせることも得意です。

自分自身がそういう学校教育を受けてきたので、無理もない話なのかもしれません。しかし、どんな仕事にも価値観のアップデートは必須です。教師も例外ではないのです。

今はまだ、管理職も昭和・平成の価値観のままなので、根性論で大号令をかけて生徒を動かす教師は「指導力が高い」として評価されているでしょう。しかし先に述べたように、昭和・平成の価値観の影響を受けていないZ世代が親になるころには、このタイプの教師は通用しなくなると考えられます。

通信制高校の躍進に学ぶ「新しい教育のあり方」

現に、以前ならば何らかの事情で普通校に通えない「ワケあり」生徒が通うものだった通信制高校が、今では当たり前のひとつの選択肢になっています。その筆頭ともいえるN高の注目度は、もはや指摘するまでもないでしょう。

通信制の学校は、定期的に登校日があるだけで、授業は自宅で受けます。N高を例に取れば、年にわずか5日程度の登校日はありますが、集団行動を強いられることもなければ、校則もない。正規の授業以外に、自分の興味関心に沿って受けられる課外授業も充実しており、とにかく自由度が高いというのが特徴です。

この例からもわかるように、「毎日、学校に通い、友だちと交流し、先生の言うことをよく聞いて規律正しい学生生活を送る」という価値観が、すでに過去のものとなりつつある。大号令をかけて生徒を一致団結させるタイプの教師が、いかに時代遅れであるかがわかるというものでしょう。

それに、あと20年もしないうちに、一部の難関大学や難関専科大学を除いて、誰でも入学できる「大学全入時代」がやってきます。そんななか、独創性に欠ける機械的な授業と定期テストで「日東駒専に受かれるくらいの学力」を授けることを旨としている教師はどうなるか。

教育の最終的なアウトプット先は「社会」です。いくら教師が昭和・平成的な教育観や手法に拘泥していても、その先の社会のあり方のほうが昭和・平成の価値観から脱しつつあるわけですから、どう考えても、そういう教師は居場所を失うという結論にならざるをえません。

変化は突然ではなく、あと20年弱のなかで徐々に起こっていくでしょう。気づいたときには居場所を失っていた、なんてことにならないよう、今、問われているのは「今からどう変わっていくか」なのです。

思考の回り道をよしとする

タイパ時代の新たな困難とは

高次思考とは「正解のない問いについて考えること」です。ベースには確かな知識が必要ですが、それを使って自分で「ああでもない、こうでもない」と自問自答する胆力が欠かせません。

もしかしたら現代は、このように「考えること」に時間を費やすのがなかなか難しい時代なのかもしれません。「コスパ（コストパフォーマンス）」から派生した「タイパ（タイムパフォーマンス）」なる言葉も、よく耳にするようになりました。

インターネットに接続すれば膨大な情報が流れ込んでくるし、自宅で手軽に楽しめる動画や文字コンテンツも無数にあります。一昔前とは比べ物にならないほどの選択肢があるなかで、何を選び取るのかを決めるのは至難の業です。

選択肢が多いのはいいことのように見えて、実は、ひとつのことにじっくりと向き合う妨げになっているといってもいいでしょう。膨大な選択肢が、ある種の「ノイズ」になってしまっているのです。

特に若い世代は、すでに周囲が情報過多、選択肢過多になっているなかで育ってきており、そもそもひとつのことにじっくり向き合うという経験に乏しい。そのために、ひとつのことに時間を割くのを嫌い、結論を急ぎすぎる傾向も見られます。

そんな世代にとって、知識をもとに「ああでもない、こうでもない」と自問自答するなど、時間の無駄としか思えないかもしれません。しかし、これからの世の中を生き抜いていくには、その思考力こそ重要です。社会に出る前の学校教育で、トレーニングする必要があるのです。

「大人から見た正解」を子どもに押し付けないこと

いったいどうしたらいいでしょうか。私は、まず周囲の大人が変わらなくてはいけないと考えています。どう変わったらいいのかというと、「自分たち世代にとっての正解」を子どもに押し付けないようにすること。まず、この変化が必要でしょう。

大人は、つい子どもを「世の中のことを何も知らない未熟者」と決めつけ、大人から見て「正しい道」「安心な道」を歩ませようとしてしまいます。すっかり「正解」を知っているつもりで、その正解を子どもに押し付けてしまいます。

それは子どもに大変な思いをさせたくないという保護精神や愛情によるものであり、もちろん悪意などありません。しかし、この決めつけと押し付けが、自問自答する機会を子どもから奪っているのです。

「親はこう言っているけど、本当だろうか？」

「先生はこう言っているけど、こうしてはいけないんだろうか？」

仮に子どもがこうした問いを抱いたときに、大人が考える「正解の本筋」に戻そうとするのは禁物です。むしろタイパ志向全盛の現代に「ああでもない、こうでもない」と自問自答し、思考の回り道を経ようとしているのは高次思考の芽生えであり、喜ぶべきことでしょう。

この先、子どもたちが歩んでいく道に、本当は「正解」などありません。

子どもたちは、あくまでも自らの力で人生を歩んでいくのであって、それには自問自答を繰り返し、回り道しながらも自分なりの正解を導く思考力が欠かせません。そんな思考力の育成を妨げないために、「あなたはこうすべき」と一方的に正解を示す短絡的・直線的な思考から、まず大人が脱却する必要があるわけです。

最新ツールの「食わず嫌い」をやめる

教師だからこそ、新しいものにも触れなくてはいけない

ChatGPTをはじめとする生成ＡＩの受け止め方は人それぞれだと思います。

さっそく、おもしろがって使っている人もいれば、警戒心や猜疑心《さいぎしん》が先に立ち、まだ一度も触れてみたことがない人もいるでしょう。就いている職種によって異なるところもあるかもしれません。

使うか使わないかは個人の自由とはいえ、現実的に考えれば、子どもや教育に携わる身なら触れないわけにはいかないでしょう。理由はふたつです。

まず、優れたＵＩ（ユーザーインターフェース）で使い勝手がいい生成ＡＩは、子どもたちにとっても手軽に使うことのできるものです。すでに生成ＡＩに触れている子どもも多いでしょう。そうである以上は、彼ら・彼女らに関わる教師、親として、それ

がどのようなものなのかを把握することが必要不可欠です。

そして何より、生成ＡＩは教育において非常に有意義なツールになりうるのです。

これまで述べてきたように、思考を深めるための「壁打ち相手」として、生成ＡＩは有能といえます。大人が実際に使ってみて、その有用性を理解しなければ、教育に役立てることもできないでしょう。

要するに、いったん個人の感情は抜きにして、「食わず嫌い」をやめてはいかがでしょうか、というわけです。

生成ＡＩは「魔法の杖」でも「悪魔の術」でもない

生成ＡＩは今まで存在しなかったものですから、生成ＡＩがなくても、もちろん生きていくことはできます。だからといって、テクノロジーの進化によって生まれた新しいツールを無視し、子どもにも猜疑心を植え付けて使わせないようにするのは無理筋といわねばなりません。

生成ＡＩはすでに生まれています。ログインすれば、誰もが、すぐに使えます。そして、すでに世界中で億単位の人たちが使っている。言い換えれば、それだけ多くの人が生成ＡＩにおもしろみや有用性を見出《みいだ》し、日々活用しているということです。思い返せば、パソコンもインターネットも、さらにはスマートフォンも、黎明期《れいめいき》には一部のテックマニアのブームだったものが、瞬く間に世界中に普及しました。

生成ＡＩもそうなっていく可能性が高いでしょう。

生成ＡＩは、この世に突如として現れた「魔法の杖《つえ》」でも「悪魔の術」でもなく、今まで生まれてきたデジタルツールの延長線上にある最新ツールです。特別視されている傾向がありますが、生成ＡＩもＩＣＴ（インフォメーション・アンド・コミュニケーション・テクノロジー。以下ＩＣＴ）のひとつなのです。

ならば、今後、日常的に使っていくことを前提に今から親しんでおいたほうがいいと思います。第一、自ら使ってみなくては「どういうところが有用か」「どういうところが要注意か」もわからず、子どもに指針を示すこともできないでしょう。

旧来のライフスタイルを愛しており、テクノロジーの類はよくわからないし、嫌いであるという人もいるかもしれません。

しかし、時代は刻一刻と移り変わり、子どもたちの間近で次々と新しいツールが生まれるなかで、大人は、時には旧来の主義主張、価値観を思い切って変えてみることも必要なのです。

なぜ、あなたの授業は「つまらない」のか

テストの点数を取らせるための授業は楽しくない

生成ＡＩは、たとえば「この段落で作者は何を言おうとしているのか」といった現代文の問いを考える際に役立ちます。

といっても最初から生成ＡＩに答えを出させるのではなく、まず自分で考えてみたことを生成ＡＩに投げかけ、生成ＡＩの返答を元にさらに思考を深めていく、という順序でなくては高次思考を鍛えることはできません。

つまり、まず「生徒が自分で考える」というプロセスを設けることが非常に重要なのですが、現状として、こうした高次思考を授業に取り入れている実例は、あまり多くないようです。

なぜなら、「足並み揃えて点数を取らせる」という旧来の発想から、未だに抜け出しきれていない教育現場が多いからです。

足並み揃えて点数を取らせる。そのための授業は、勉強ができる子にとっては「もうとっくにわかりきっているところを教わる」という虚《むな》しい時間です。新しいインプットがほとんどない授業が、おもしろいはずありません。

かといって、足並み揃えて点数を取らせるための授業が、勉強で後れを取っている子にとっておもしろいかというと、実はそうでもないのです。

勉強が苦手な子にとっても、「何かを新たに学ぶ」というのは本来、楽しいことであるはずです。

しかしテストの点数を取らせるための授業は、しょせんは「辻褄《つじつま》合わせ」に過ぎません。好奇心や思考への刺激がないまま、機械的にテスト勉強をさせられる。そんな授業が楽しいはずはありません。

知的探究の時間を多く設ける

というわけで、足並み揃えてテストで点数を取らせるための授業は、勉強ができる子にとっても、勉強が苦手な子にとっても「おもしろくない」、これに尽きるのです。学びの場であるはずの学校において、これほどの不幸があるでしょうか。

この観点から考えても、テクノロジーの力を借りない手はないと思います。

YouTubeやChatGPTといったデジタルツールを授業に取り入れると、「知識」「理解」「応用」の段階は、だいぶ効率化できます。教師がテキストを手作りしたり、わかりやすい説明をさんざん検討し、編み出したりする手間が省けるからです。

従来の学校教育は、勉強が苦手な子に、これら低次思考の段階で平均に追いつかせることに多くの時間を費やしてきました。そこをデジタルツールによって効率化できるということは、つまり、今まで低次思考に費やしてきた時間の大半を、高次思考に配分できるようになるわけです。

そして、生徒にとって最も取り組みがいのあるのは、知識を正確に理解し、応用するという低次思考ではなく、得た知識を使って自由に思考を遊ばせる高次思考です。それこそ先に述べたように、国語の問いなどでChatGPTを壁打ち相手とし、自分なりに考えを深めていくのは、生徒にとって大きな知的探究の体験になります。

デジタルツールによって、まず低次思考の段階を効率化する。そしてデジタルツールを駆使した高次思考的な「探究」の時間を設けることで、授業ははるかに有意義に、おもしろくなると考えていいでしょう。

PBL的な探究が今こそ求められている

今、サラリと「探究」と述べましたが、実は、これこそが本書の重要なキーワードです。これからの教育——真にいきいき、のびのびと子どもの能力を伸ばす教育を実現していくには、教育する側に「探究」の重要性に対する理解が欠かせないのです。

私ひとりの考えではありません。現に2022年度から施行されている高校の新学習指導要領では、「探究」という言葉が科目名として使われています。従来のように、ただ受動的に知識を授けられるだけでなく、自ら能動的に探し究める、そんな子どもの力を伸ばすことが、すでに国家的プロジェクトになっているわけです。

ただ、ひと言「探究」と言っても漠然としていて、具体的に何をしたらいいのかわかりづらいことも事実でしょう。

本書でいうところの「探究」とは、プロジェクト・ベースド・ラーニング（ＰＢＬ）の意味合いが強いと考えてください。

ＰＢＬは、ふたつの側面で人生を豊かにすると考えられます。

ひとつはビジネスシーンです。

ビジネスでは企画や開発が重要です。そして世の中に新しい価値を提供し、成功する企画や開発をするためには「仮説検証」というサイクルが欠かせません。たとえば「このような商品を、このターゲット層に向けて提供する」といった仮説を立て、「するど、どうなるか（どうだったか）」と検証する、という具合です。

もうひとつは、人生そのものです。「進学」「就職」「結婚」「転職」「移住」……など、人生は選択の連続ですが、そのどれにも「絶対的な正解」がありません。自分なりに後悔のない道を選択していくには、自分で考え抜いて決断しなくてはいけない。そこでもＰＢＬ的な「探究」の力が不可欠というわけです。

総じていえば、教育現場における「探究」の時間とは、己の納得のいく人生を主体的に歩んでいくためのトレーニングの場である、というのが私の考えです。一律的に知識を授け、テストの点数を取らせるための授業よりも、そんな「探究」の時間を多く設けることが、今後、ますます求められていくと考えられるのです。

学ぶ動機を与えられる教師こそ、いい教師

ＡＩには絶対にできないことがある

デジタルツールを授業に取り入れると、それで知識習得のほとんどが事足りるようになります。そこで教師に残される役割は何かというと、「学ぶ動機」を与えることで

理想の教師像

はないかと思います。

すべての教科で点数を取れるよう、生徒を一斉に、時には強引に導くのではなく、「この先生みたいになりたい」「この先生に教わると楽しい」「だからもっと学びたい」という具合に、生徒の内側から学ぶ動機を湧き上がらせる。そんな教師こそが、これからの「理想の教師像」ではないでしょうか。

「英語」を例にとって考えてみましょう。

日本人は強い英語コンプレックスを抱えており、そのおかげで、英語教育産業は長きにわたり大いに潤ってきました。学校教育においても、「とにかく英語を話せるようにならなくては、将来、立ち行かなくなる」とばかりに、なぜか国語の時間よりも英語の時間のほうが多いくらいになっています。

ところが昨今では、デジタルツールが発達すればするほど、英語の専任教師は職を失われるだろうと言われています。

それは、第一に、文法や単語の知識は機械が正確に教えてくれるため、わざわざ人が教えなくてもよくなるからです。これに加えて、通訳・翻訳ツールの発達により、そもそも基礎的な英語を習得する必要性を感じない人が増える可能性もあります。

そんななかで、英語教師が職を失わない道があるとしたら、「英語を学ぶ動機付けをする」ことしかありません。

たとえば、単に英文法や英単語の知識があるだけでなく、ネイティブ並みの英会話力で、人対人でなくてはできないような（通訳ツールでは追いつかないような）深く活発なコミュニケーションできる英語教師。

単なる一言語として英語を教えるのではなく、英語圏の文化、社会、歴史に対する深い造詣も踏まえて、いきいきと授業を行う英語教師。

このような英語教師ならば、きっと生徒は憧れを抱き、自然と英語を学ぶ動機は高まるに違いありません。これは英語に限らず、あらゆる教科にいえることです。

「何を教えるか」ではなく、「いかに教えるか」「自分の姿がどう映るか」

何より教師自身がその学問について高度な知識、見識を持ち合わせており、楽しんでいる様子が伝わると、その熱に触れた生徒たちは、「先生と同じ地平から、その学問の世界を見てみたい」と感じるものです。

「何を教えるか」ではなく「いかに教えるか」「その教科を専任とする教師の姿が、生徒の目にどう映るか」が、今後、教師の行く末を分ける鍵となるわけです。

デジタルツールには「心」も「人格」もありません。人生もなければ、ひとつの学問を修める楽しみを感じることもありません。古今東西、人間が生み出してきた膨大なデータを学習しているだけです。

教師の姿そのものをもって「学ぶ楽しみ」を味わわせ、「学ぶ動機」を与えることは、決してデジタルツールにはできない。だからこそ、それが人間の教師の最大の役割になっていくといえるのです。

しかも、今後は、少子化により一部の難関大学を除いた「大学全入時代」が訪れると予想できるため、２０４０年ごろまでには入試対策のための勉強も形骸化していきます。

では、「大学に受かるためには、勉強をしなくてはいけない」という動機が無効化したとき、子どもたちに唯一、残る動機とは何でしょう。それは、「これを学んだら楽しいな」という純粋な気持ちです。

人間はみな怠け者ですが、自分が楽しめることなら時間を割いて取り組みます。子どもも、大人から勉強を強要されることは嫌がりますが、楽しければ、いくらでも取り組みます。

今後、勉強は「しなくてはいけないから、する」ものから、「したいから、する」ものへと変わっていく。それに伴い「楽しんで学ぶこと」が未来につながる、その初期の動機付けをできる教師が、「いい教師像」になっていくでしょう。

ただ「もっと楽しい人」「楽しめる人」になればいい

「社会経験の乏しさ」を克服する

現在、教職にある人は、大学で教職免許を取得し、教育実習を経て、今の学校に職を得たというケースが大半でしょう。それ以降は授業、担任、生活指導、進路指導、部活顧問と数多《あまた》の業務に追われる日々を過ごしてきたことと思います。

かくも学校教師は忙しい。忙しいのはどの仕事も同じでしょうが、こと学校教師は、見えている世界が極端に狭くなりがちです。

あえて学校外の世界に目を向けようと意識しない限り、学校という閉鎖的な空間で、日々接するのは生徒、保護者、他の教師たちだけ、という毎日だからです。大学からストレートで学校に就職している学校教師は、社会経験に乏しいのです。

もちろん保護者の職業は様々ですが、あくまでも関係性は「保護者と教師」に留まります。したがって、父母との関係を通じて「異業種交流で学校外の世界を知る」ということには、なかなかなりません。

教育の本質は、未来ある子どもたちが、それぞれの個性を損なわれることなく探究心旺盛に学び、それぞれの特質に基づいた能力を花開かせる手伝いをすること。これは「世界の広さ」を生徒たちに見せることでもあると思うのですが、教える側である肝心の教師自身が見ている世界が狭いという問題があるのです。

これからの教師はどうあるべきか。高次思考ができること、学問の楽しみを伝えられること、生徒のひとつのロールモデルとなって、学びに対する初期の動機付けができることなどと伝えてきましたが、手始めに一番大事なのは、教師自身が、もっと人生を楽しむことではないかと思います。

忙しいのはわかります。授業の研究に余念がなかったり、部活動にはまったり、進路指導に熱くなったりしている教師もたくさん見てきました。

ただ、熱心なのはけっこうなのですが、そうしてどんどん自分を狭い世界に閉じ込めてしまうことが、結果的に、生徒たちに差し障るのです。

「広い世界」を生徒たちに見せられないだけではありません。寸暇を惜しんで仕事をしていると、自己犠牲的な意識が強くなり、「君たちのためにやっているんだから、がんばって応えてくれ」という具合に見返りを求めるようになりがちなのです。

生徒のためにやっていることが、いつのまにか、教師としての達成感を得たいがため、自己承認欲求を満たしたいがための手段になってしまう。そのための道具にされる生徒たちはたまったものではありません。

入れ込めば入れ込むほど、「自分ががんばった分」の見返りが欲しくなるのが人情です。よく、親は子どもに入れ込みすぎず、自分が楽しんで生きている様を見せるくらいがちょうどいいと言われますが、教師も同じといっていいでしょう。

新時代の教師の価値は「人間的な魅力」

ですから、まずは「もっと楽しい人」「いろんなことを楽しんでいる人」を目指してください。

学校と自宅を往復するだけではなく、趣味や楽しみの時間をつくる。ご近所付き合いなどで、学校にはいないタイプの人たちと関係を築く。本を読む。新聞を読む。テレビを見る。公私のオンオフを切り替えて、学校外の常識や価値観との接点をもつ。

また、教師とはまったく別の職種で副業を始められたら最高です。現在、公立校の教師の副業は、一定条件を満たし、申請が認められたケース以外は原則禁止ですが、今後、規制緩和されることが待ち望まれます。

そうはいっても、今の状態では時間がないと思われた人は多いでしょう。

たしかに職場環境や制度が変わらないと難しい部分もありますが、デジタルツールの力を借りて業務負担の軽減を図ることで、時間は捻出しやすくなります。環境や制度の変化を待つだけでなく、自分で始められることもあるのです。

こうして、もっと世の中に対して目を開き、自分の世界を広げることが、やがては、生徒にいい影響を与えるでしょう。いつの世でも、いろんな世界を知っている大人の存在は、子どもにとってワクワクするものだからです。

教師は、子どもが親や親戚の他に最初に出会う大人です。そして、人間の教師にしかできないことがあります。どれほど有能な生成ＡＩも、生徒が感化され、「あの先生みたいになりたい」「あの先生に認められたい」と思うような魅力的な人間になることはできません。

「教え方がうまい」とか「進路の情報が豊富」といったことも重要ですが、それ以上に、「個性が魅力的な人間であること」が、これからの教師には不可欠なのです。

学校外の世界で高次思考を鍛える

さらに、学校外の世界との接点をもっていると、自ずと高次思考を鍛えるチャンスも多くなるものです。教師にとって学校は勝手知ったる世界で新しい刺激もほとんどありませんが、学校外の世界には「なぜ？」と思うことがたくさんあるからです。

「なぜ？」は高次思考の入り口です。

「なぜ？」と問い、自分なりに考えてみると、知識を使って「こうではないか」「こうかもしれない」という仮説が生まれます。

仮説が生まれたら、新たな知識を集め、自分なりに編集して「本当にそうだろうか」

という検証が始まり、検証の結果、ひとつの自分なりの結論に至る――という具合に、「分析」「評価」「創造」の思考サイクルを踏めるようになるのです。

といっても、単に学校外の世界に触れるだけで、自然と高次思考が鍛えられるわけではありません。まず、「学校外の日常は学びの宝庫」と考えて、積極的に世の中と接触する。いろんなことを経験してみる。そこで生まれた小さな「なぜ？」を放置せずに、自分なりに考えてみる、という習慣をつけるといいでしょう。

こうして徐々に、ひとつの「なぜ？」から「分析」「評価」「創造」へと至る高次思考ができるようになると、「高次思考的な授業をする教師」「高次思考的な宿題を出す教師」として生徒の前に立つことができるようになります。

学校外の日常のなかで感じた「なぜ？」が、そのまま授業や宿題に活きることもあるかもしれません。

学校外の世界に触れることが、長く続いてきた「知識詰め込み型のパターン化した教育」ではなく、「高次思考を用いる本当の学び」を提供できる新時代の教師になっていけるきっかけになるというわけです。

教師は「指導者」から「ファシリテーター」へ

デジタルツールを活用するのは「手抜き」なのか

日本の学校教師には「自前主義」とも呼ぶべき価値観があります。

たとえばアメリカの公立校で使われている教科書と比べると、日本の公立校で使われている教科書は非常に薄いのですが、それは教える内容が薄いからではありません。教科書は、あくまでも必要最低限のことが書いてあるものであり、実際の授業では、教科書の補助として、教師が自前で作った教材を用いるという文化が根付いているからです。

この自前主義もまた、日本の学校教師を忙しくさせている一大要因です。しかし、今、教師が手ずから教材を作る必要があるかというと、必ずしもそうではありません。デジタルツールを賢く活用すれば、かなりの労力削減になるでしょう。

自前主義でやってきた教師たちは、外部のツールを使うことを「手抜き」と思いがちです。自分の時間と労力をめいっぱい割いて、生徒のために工夫を凝らした教材を作る。それでこそ教師の鑑《かがみ》とされてきました。

新時代の教師になるためには、そんな思い込みからも脱却する必要があるでしょう。教科書の内容を強化するための自前の教材作りにかかずらっている限り、低次思考的な知識詰め込み教育が続いてしまいます。高次思考的な授業を可能にしていくには、低次思考的な段階は、できるだけ効率化したほうがいいのです。

知識を授ける際に外部のツールに頼ることは手抜きではありません。

今や様々なデジタルツールが世の中に浸透しており、誰も取り立てて「私はデジタルテクノロジーを使っているすごい人間だ」という意識はないでしょう。それほど当たり前に世間で使われているツールを、なぜ教育現場だけは忌避しなくてはいけないのでしょうか。

いってみれば、日々の献立に冷凍食品を上手に取り入れるようなものです。

最近の冷凍食品には、栄養バランスがよかったり、化学調味料の使用を控えていたりと、質のいいものが多くあります。そこで、ただ楽をするためではなく、きちんと成分に気を配って冷凍食品を取り入れる。同じ発想で、生徒の学習の助けになる、よくできたデジタルツールを選んで取り入れればいいのです。

2022年改訂の学習指導要領に苦しむ教師たち

10年ごとに改訂される学習指導要領の最新バージョン（2022年改訂）では、①実際の社会や生活の中で生きて働く「知識及び技能」、②未知の状況にも対応できる「思考力、判断力、表現力等」、③学んだことを人生や社会に生かそうとする「学びに向かう力、人間性等」という3つの指針が示されています。

かつての詰め込み教育では知識偏重に陥ったこと、その後のゆとり教育では知識習得を極端に減らしたこと、この両方の反省から「知識はしっかり授けること」「なおかつ、考える力も伸ばすこと」が重視されるようになりました。

その結果、2012年、前回の改訂では①基礎的な「知識及び技能」、②知識及び技

最新版の学習指導要領で示されている3指針

実際の社会や生活の中で生きて働く**「知識及び技能」**	未知の状況にも対応できる**「思考力、判断力、表現力等」**	学んだことを人生や社会に生かそうとする**「学びに向かう力、人間性等」**

出典：文部科学省「平成29・30・31年改訂学習指導要領」

能を活用し、「自ら考え、判断し、表現する力」、③「学習に取り組む意欲」の3本柱が掲げられました。2022年改訂の指導要領は、その方向性をさらに発展させ、より実社会を意識したものになりました。

1980年代から2010年代まで続いたゆとり教育が終わり、ようやく知識面でもバランスのとれた学習指導要領になった――というのは学校教育の当事者ではない人だから言えることです。

実際に教壇に立つ教師にとって、「教える内容は十分にしつつ、思考力、判断力、表現力、学びに向かう力、人間性などもカバーせよ」という今の学習指導要領は非常にきついものがあるのです。

そこで教師がとりうる方法は、ふたつです。

ひとつは、現場の判断で「知識及び技能」を精選し、何とか「思考力、判断力、表現力、学びに向かう力、人間性」等までカバーできるよう授業時間を捻出すること。もうひとつはデジタルツールを取り入れて「知識及び技能」の部分を効率化し、浮いた時間を「思考力、判断力、表現力、学びに向かう力、人間性」に配分することです。

どちらのほうが豊かな学びを提供できるかといったら、間違いなく後者でしょう。

デジタルツールを活用するのは決して手抜きなどではなく、結果的には、生徒の利便性に叶う効率化です。低次思考的な段階が効率化された分、これからの時代に求められる高次思考的な授業ができるようになるというわけです。

生徒を教え導くのではなく、生徒と共に考える

すると、ある重要な変化が起こります。知識を得たうえで、「分析」「評価」「創造」へと至る高次思考的な授業になると、教師は一方的に教えを授ける存在から、生徒と

新時代、求められるのはファシリテーターとしての教師

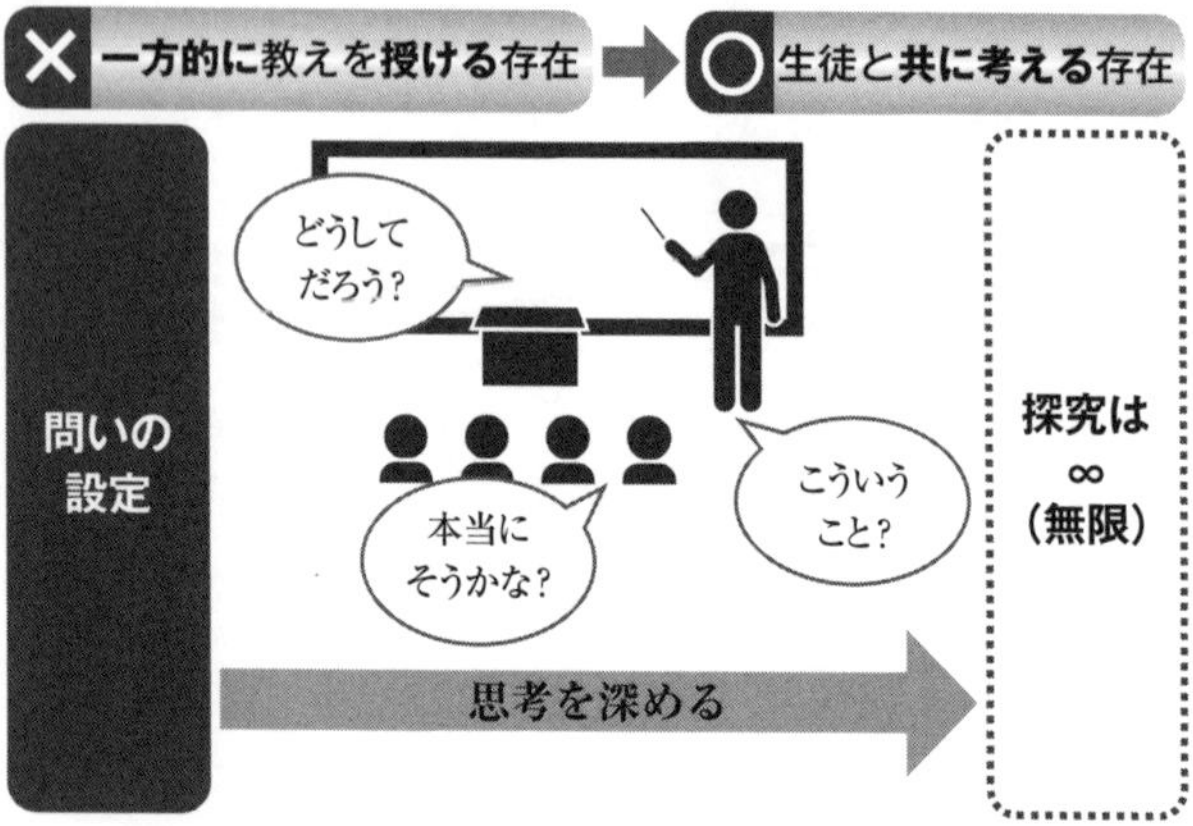

✕ 一方的に教えを授ける存在
◯ 生徒と共に考える存在
問いの設定
どうしてだろう?
本当にそうかな?
こういうこと?
思考を深める
探究は∞(無限)

共に考える存在へと変化します。

なぜなら、高次的な学びには「正解」がないからです。問いを設定したら、あとは生徒と共に「どうしてだろう?」「こういうことだろうか?」「本当にそうだろうか?」と共に思考を深め、探究していく。

そこでの教師の役割は、まだ考えることに慣れていない生徒たちの思考が明後日の方向へと飛んでしまわないよう、適宜、軌道修正を加えながら、思考を深める手伝いをすることです。これからの教師とは、「指導者」ではなく「ファシリテーター」であるべきなのです。

昭和・平成の価値観では、「先生」と呼ばれる教師は、常に生徒から仰ぎ見られ、生徒が付き従う指導者たらんとしてきました。

そんな自意識もまた、すでに時代遅れになっていると見るべきでしょう。教材の自前主義をやめて、便利なツールを積極的に取り入れるのと一緒に、生徒の上に立つ指導者であろうとすることも、そろそろやめていったほうがよさそうです。

語弊のある言い方かもしれませんが、子どもは自ら学び、自ら育っていきます。特に価値観が大きく変化している現代は、大人の古い価値観で子どもを指導しようとしても、おそらくいいことはありません。

大人にできることといえば、つまらない自尊心や余計な保護意識で子どもの学びの芽を摘まないこと。そして、思い思いに伸びていく各々の子どもを信じて、共に考えながら、その成長を見守ることくらいでしょう。そこで過度に子どもに関与しないためにも、やはり前に述べたように、自らが人生を楽しむことが重要なのです。

これからの教師に求められる、たった3つのこと

今後、学校教師は不要になっていくのか

デジタルツールが授業の効率化に非常に役立つであろうことは、すでに述べてきました。たとえば知識を習得させるにはYouTubeの解説動画を活用し、知識を踏まえた高次思考的な探究には生成AIを取り入れるといったアイデアがあります。

具体的な活用法は次章で詳しく述べていきます。その前に、「これからの教師のあり方」を考えてきた本章の最後に述べたいのは、「それでも教師は必要か？」という点なのです。

もはや「教える」ことは教師の役割ではない。便利なデジタルツールが充実しているのなら、もはや子どもは自ら学ぶことができる。そうなると教師不要論も浮上するのではないか——そんな疑問を抱いた読者もいるのではないでしょうか。

はっきり言いましょう。それでも教師は必要である、というのが私の考えです。

極端なことを言えば、たとえすべてをデジタルツールに頼り、授業内で教師がひと言も発しないようになったとしても、生徒たちにとって、教室の中に教師が「いる」のと「いない」のでは大違いです。

そこに教師が存在するというだけで、生徒たちは「ちゃんと学ばなくちゃ」「ちゃんと学ぼう」と思うでしょう。つまり今後、教師の役割とは、究極的には「教えること」ではなく「見守ること」になっていく。教室に存在することで、生徒たちのやる気のスイッチを押すことが、これからの教師の一番の役割なのです。

学校のことを考え、現場を変えていけるのは学校教師だけ

子どもたちの世界を広げるために、ビジネスやアカデミアの世界から人を招いて特別授業をしてもらうことは、たいへん有意義でしょう。しかし、それでも学校に所属し、日々、生徒たちと接する「学校教師」の存在が無意味化することはありません。

なぜなら、外部の人たちは臨時で招かれ、授業の間こそ熱心に語ったとしても、し

ょせん、その熱意は期間限定です。生徒一人ひとりの個性や、抱えている事情、科目の好き嫌いや得手不得手、どんなときにやる気になるのか、あるいは集中できないのかなどのバックグラウンドに目を配ったりもしないでしょう。

そして招聘《しょうへい》期間が終わったら、各々が元の所属先に帰っていく。学校で教えたことは、「ちょっとした社会貢献をした」「自分の知見を子どもたちに教えるという、いい経験をさせてもらった」といった思い出の1ページになるだけです。

となると、継続的に学校教育の何たるかを考え、生徒たちのためによりよくしていこうと工夫を凝らすことができるのは、誰でしょうか。それは、まさしく学校教師のほかにいないわけです。

本章では、「ブルーム・タキソノミー」の概念図などもシェアしながら、これからの教師はどうあるべきかを考えてきました。学識をもって学校教師になる「博士」先生やビジネス経験をもって学校教師になる「社会人」先生の可能性についても触れました。

そのために危機感を煽《あお》られたり、新規の情報に戸惑ったりした読者もいるかもしれ

現場の教師に求められる3要素

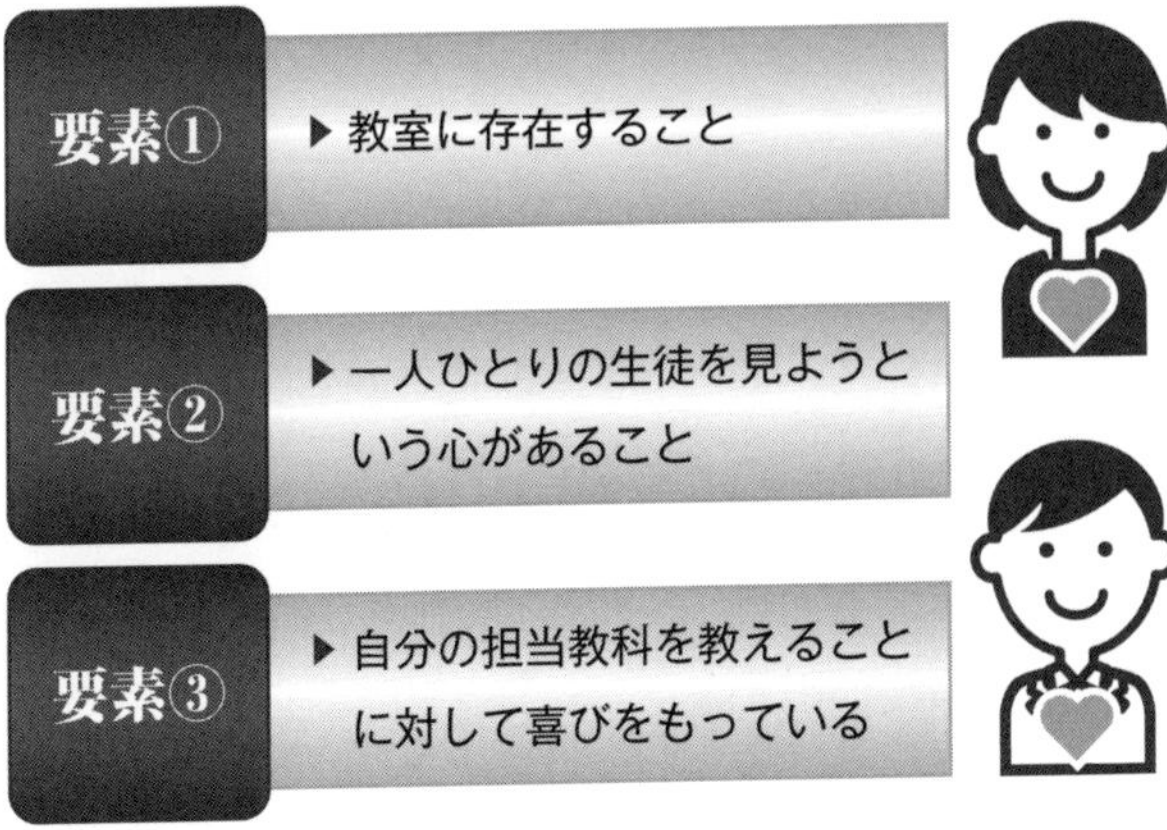

要素①
▶教室に存在すること
要素②
▶一人ひとりの生徒を見ようという心があること
要素③
▶自分の担当教科を教えることに対して喜びをもっている

ませんが、つまるところ、教師に求められることは非常にシンプルです。

①教室に存在し、②一人ひとりの生徒を見ようという心があって、③そして自分の担当教科を教えることに対して喜びをもっている。この3点さえ持ち合わせていれば、これからの教師に必要な手法は、いくらでも後からついてきます。時代の変化を、そう恐れることはありません。

3章

これからの「授業」はどうあるべきか

——一方的に知識を授ける授業は、もう通用しない

「探究」の時間が子どもの創造性を養う

知識を使って考える力を伸ばすには

これからの授業は、どうあるべきか――。前章で「低次思考」と「高次思考」の話をしましたが、これからは、より「高次思考」に重点を置いた授業をしていく必要があるでしょう。

なぜかというと、これからの時代は、高次思考ができる人間こそが、自らの才能を輝かせて生きていけるからにほかなりません。

今や、物事の基礎的な知識・情報は手のひらサイズのパソコンでもあるスマートフォンで、瞬時に集められます。

もちろんインターネットを知識・情報の収集源とすることには賛否両論ありますし、実際、ネット情報は玉石混淆《ぎょくせきこんこう》というのも事実です。しかし、それはインターネットそのものに罪があることを意味しません。

ネット情報を鵜呑みにしない、リソース（出典）がしっかりしているかを確かめるなど、使う側がリテラシーを身につけさえすれば、インターネットは人類が手にした最高のツールのひとつといえるのです。

話を戻しましょう。今や、物事の基礎的な知識・情報はスマートフォンで瞬時に収集できる。つまり、知識・情報へのアクセスが容易になっている分、「知識・情報を持ち合わせていること」の価値が低くなっているわけです。

これが何を意味するかというと、知識・情報へのアクセスが容易でなかったインターネット以前の時代と違って、「知識・情報を持ち合わせている人」を育てることが、必ずしも教育の役割ではなくなっているということです。

その代わりに教育に求められているのが、生徒の高次思考を鍛えることです。

前章のおさらいになりますが、高次思考とは、集めた知識を使って仮説を立て、検証し、自分なりの結論を導いて、何かを創造するプロセスのこと。国語、算数、理科、社会など、いろんなことを学んだうえで活用する力を鍛える、そのために必要になってくるのが「探究」の時間なのです。

親たちの意識、ニーズはすでに変わってきている

今、私は和歌山県で「うつほの杜学園（仮称）」という新しい私立小・中学校づくりに携わっているところなのですが、そこでは各教科の授業とは別に、毎日2時間、「探究」の時間を設ける予定です。

この「探究」の時間は、各教科で学んだ基礎知識を活用するための時間です。まだアイデアレベルですが、たとえば、地域の方に現在直面する地域課題についてヒアリングを行い、その解決法を子ども目線で考えることも十分にありえます。また、熊野古道を歩く外国人観光客のニーズを子どもがヒアリングすることで、より本音に近い生の声を拾うことができるかもしれません。

さらに、この地域に伝統的に存在する文化を継承・発展させることもカリキュラムには入っています。グローバル化の波は少数言語や文化を消滅させる力を持ちがちです。

しかし、人間の知恵は各地に脈々と息づいてきたものです。持続可能な発展やSDGsの概念に則《のっと》れば、子どもたちが地域の方から食文化をはじめとする文化を学び、そして発展的に継承することもありえます。

実は学校設立に着手する前に、「探究」の時間を設けたカリキュラムを組んだサマースクールを開催したところ、定員以上の応募がありました。それほど大規模なものではありませんでしたが、確実に保護者の意識は変化していると感じられ、一刻も早く新時代の学校、新時代の教師を整備する必要性を痛感したのです。

この先、Z世代が親になるころには、おそらくこうした新時代の学校が今よりも当たり前になっているでしょう。小学校、中学校の3分の1くらいは、高次思考が鍛えられるようなカリキュラムを組んだ学校として生まれ変わっているはずです。

Z世代は働き方も多様です。会社員でも転職は当たり前ですし、フリーランスやノマドワーカーも多く見られます。

そんな彼ら・彼女らが親になったら、理想的な教育を求めて、現居住地から他地域に移住するケースも増えてくるでしょう。そうなると、いかに学校教育が変化するかは地域の活性度にも関わってきます。学校教育は今まで以上に、社会ぐるみのテーマになっていく可能性が高いのです。

他方、昭和・平成の価値観どっぷりの学校関係者や教師は、自分たちにとって心地よかった今までの環境が、ずっとは続かないことをそろそろ実感したほうがいいでしょう。もし変わるなら、今から考え始めなくてはいけません。

子どもを苦しめる「夏休みの宿題」は、もうやめよう

何のために宿題を出すのか

夏休みの宿題というと、子どもたちにとって苦しいものと相場が決まっています。

毎年、8月31日に泣きながら終わらせたという記憶が色濃く残っている人は多いで

しょう。今もあまり変わりません。

しかし、本当にそれでいいのでしょうか？　子どもたちにとって苦しい、そんな宿題を出してきたこと自体が問題ではないかと、私は思っているのです。

そもそも、なぜ宿題を出すのかというと、学期中に学習したことを生徒たち自身で深めてほしいから。これが本来の宿題の意味であるはずです。そして本来、新たに学ぶこと、その学びを深めることは、子どもにとって楽しいものであるはずです。

ところが、夏休みの宿題が苦しいものになっているのは、どういうわけでしょうか。

理由はシンプルです。宿題の目的が、いつの間にか「夏休みに遊び呆けてしまわないように」と子どもを勉強に縛り付けることにすり替わっているからでしょう。

怠けないように、毎日、絵日記を書かせよう。毎日、解かなくては終わらないドリルをやらせよう。時間がかかる自由研究や読書感想文に取り組ませよう――そんな意地悪な魂胆があるようでは、宿題は苦しいものになって当然です。

そのくせ、夏休み明けに先生に提出したところで、ポンと「よくできました」「がんばりました」といったスタンプが押されて戻ってくるだけです。教師は宿題を出しておきながら、提出されたものを大して見もしない。

この点からも、夏休みの宿題が子どもを怠けさせないための単なる「アリバイ作り」であることが窺《うかが》えます。

そろそろ、こんな無意味なことはやめてはどうだろうかと思います。夏休みが、真の意味で生徒たちの学びが進展する期間となるよう、それも生徒たちが楽しんで取り組めるように、宿題のあり方も変わっていくべきではないでしょうか。

宿題を「生徒の自由選択制」としてはどうか

100本ノック的な絵日記、ドリルは撤廃するとして、自由研究や読書感想文は、それ自体が悪いわけではないと思います。

ただ、「なぜ、この課題を出すのか」「いかに自分の学びの進展に役立つのか」「自分で取り組むことに、どんな意義があるのか」を、まず教師が説明できるようでなくてはいけません。意味や目的を理解できないものに取り組まされるのは、子どもにとって苦痛でしかないからです。

そのうえで、課題に取り組むかどうかは生徒の自由意志に任せてしまう。これが放任すぎると感じられるのなら、いくつかの課題を提示して、どれに取り組むかを生徒が自由に選べるようにするのもいいでしょう。基礎学力を身につける段階である小学校はともかく、中学・高校では、このように、もっと生徒の自由意志に任せる部分が大きくてちょうどいいくらいだと思います。

課題に取り組むかどうか、あるいは、どの課題に取り組むか。そこが自由なら、取り組んだ成果を教師に提出するかどうかも自由でかまいません。

宿題の目的は、生徒が自らの自由意志に基づき、自分なりに学びを深めること。生徒から「見てほしい」「評価をつけてほしい」という申し出がない限り、そこに教師の採点や評価を差し挟むことには、あまり意味がないのです。

ここまで読んで、びっくりしている人も多いかと思います。そんなことでは教師の役割を果たしきれないと感じたかもしれませんが、それは、生徒を管理し、指導するという旧来的な教師像、昭和・平成の価値観から脱却できていないからでしょう。

前章でも述べたように、これからの教師像は、生徒の管理者でも指導者でもなく、生徒を見守りながら共に考えることを楽しみ、生徒が迷っているときにはサポートの手を差し伸べるファシリテーターです。

授業で学んだことの習熟度をはかるために、定期テストでは採点や評価をする必要があります。

しかし、あくまでも生徒が、自らの自由意志に従って学びを深めるところでの教師の役割とは、課題を提示し、求められたときに相談に乗る、という具合に生徒の「学びに向かう力」を引き出すよう努めることだけです。大号令をかけて無理に取り組ませたり、成果物を評価し、優劣をつけたりするのは違うのです。

たとえば生成ＡＩを使って「読書感想文」を書く

生成ＡＩは教師が授業を組み立てたり、テストを作ったりする際に使えるほか、生徒の高次思考の「壁打ち相手」としても有用です。

ただし、考えるという工程を削減するためではなく、考えを深めるために使う。それには相応のトレーニングが必要です。

読書感想文を例にとって考えてみましょう。

夏休みの宿題の定番中の定番である読書感想文ですが、まず、はたしてこれは宿題として有効なのかという問題があります。

同じ読書に関する宿題でも「批評」ならば、生徒の思考力や論理構築力、仮説検証力などを鍛えることにつながるでしょう。しかし「感想」とは作品を読んだ自分の印象や感情であり、読書感想文は論理的でなくても成立してしまいます。そんな宿題が、いかなる能力の鍛錬に寄与するのかというと、正直、疑問は禁じえません。

もちろん感情は大切ですが、「自分が感じたことを書く」という宿題には、いったいどれほどの意味があるのか。「私はこの作品を読んでこう思いました。こう感じました」でよしとするのは、せいぜい小学生までとすべきでしょう。

こうした「そもそもの問題」はあるのですが、このまま続けます。

読書感想文で、生成ＡＩを壁打ち相手とするには、どうしたらいいでしょうか。

最初から生成ＡＩに答えを出させるのは禁物です。生成ＡＩを高次思考の壁打ち相手とするには、まず、自分で考えてみることが欠かせません。いったんじっくり対象と向き合い、少し考えがまとまったら、そこで初めて生成ＡＩの出番です。

「誰々の何々という作品について、私はこういう感想をもちました。

特に印象に残っているのは主人公Ａの登場人物Ｂに対する感情です。私には、主人公Ａは登場人物Ｂにこんな感情を抱いているように見受けられ、そこに共感しました。

これについて、もし世の中に別の視点から論じているものがあったら、教えてください」

こんなふうに生成ＡＩに問いかけ、それに対して生成ＡＩが出してきた答えを元に、さらに深く考える。そして最終的に読書感想文を書くのは生成ＡＩではなく、もちろん自分自身でなくてはいけません。

生成ＡＩの答えの精度は、使う側の指示の出し方によってかなり変わります。最初はうまく生成ＡＩとコミュニケーションがとれず、とんちんかんな答えが返ってくるかもしれません。

そこもやはり訓練が必要です。自分で考えてみる、生成ＡＩに投げかけてみる、というのを繰り返す。こうして徐々に「有能な壁打ち相手」として生成ＡＩを使いこなせるようになっていこうと推奨するのは、生徒の高次思考の鍛錬につながる宿題のひとつのアイデアだと思います。

そのうえで、先ほど述べた「そもそもの問題」――本の感想を書かせることに、どれほどの意味があるのかという点に立ち返ると、こんなことも考えられるでしょう。

ただ感想を書くのではなく、自分が気に入った本をクラスメイトたちが読みたくなるよう、クラス内でプレゼンする。そのための資料作りに、生成ＡＩの助けを借りて取り組む。いわゆる「ビブリオバトル」を自分と生成ＡＩのチームで戦うという課題にすれば、高次思考的になります。

プレゼンでも商談でも交渉でも、「人に伝える」という能力は必須です。自分の考えや気持ちを、いかに他者に伝えるかというトレーニングは、ゆくゆく生徒たちが実社会に出たときに必ず役に立つでしょう。

生徒の「学びに向かう心」をコーチングする

心を補完してくれるテクノロジーはない

教師がファシリテーター的な役割を果たす授業のなかで、最も注力されるべきなのは、生徒の心のコーチングです。いくらデジタルツールが進化しようとも、生徒の心と向き合うことは人間の教師にしかできないからです。

人間は「心・頭・体」の三位一体で成り立っている生き物であり、テクノロジーの進化は常に人間の頭と体を補完してきました。

頭の補完とは、たとえば「計算機」の誕生により、人間は筆算する必要がなくなった、「インターネット」の誕生により、人間は知識を蓄積しておく必要がなくなった、といったことです。

人間とテクノロジーの対比

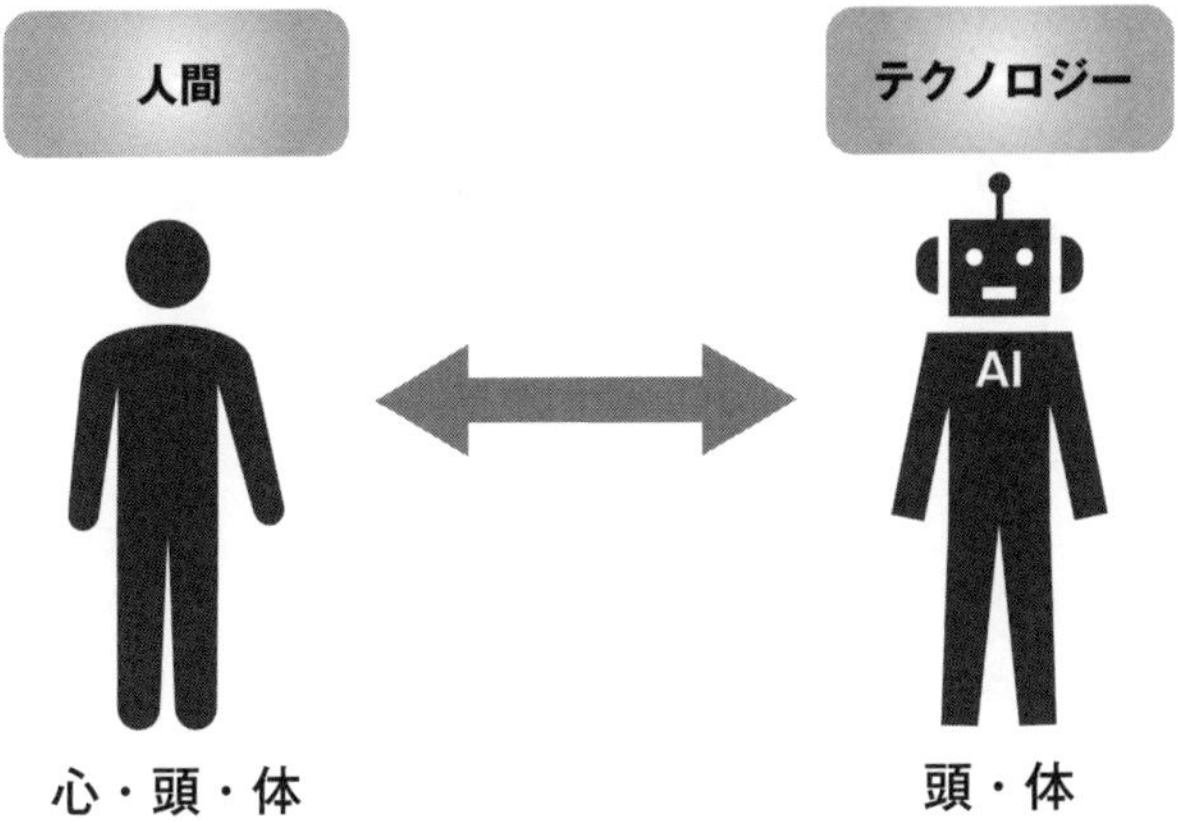

体の補完とは、たとえば「自動車」の発明により人間は徒歩や乗馬よりも楽に速く移動できるようになった、「機械」の誕生による自動化が進んだことで人間が手を動かす工程が削減された、といったことです。

しかし、心を補完してくれるテクノロジーは、今のところありません。

学校の授業に置き換えても同じことがいえます。

知識・情報の収集は、Google検索や、多種多様な解説動画があるおかげで、以前よりも格段に容易になっています。図書館に足繁《あししげ》く通い、せっせと知識を蓄える必要性は、かなり薄くなっています。

また最近では、生成ＡＩを使えば高次思考も補完してもらうことができます。まず自分で考えることは重要ですが、いったん自分なりにまとめた考えを生成ＡＩにぶつけ、さらに考えを深めることができる。「考える」という行為が孤独なものだった以前とは大違いでしょう。

このように、学びにおいて生徒の頭と体を補完してくれるテクノロジーは、すでに数多あります。

しかし、生徒の心を補完してくれるテクノロジーは、やはりないのです。そして、頭と体を動かす原動力は心であるため、心を補完する存在がなくては、頭と体を補完するテクノロジーも使いようがありません。

学びの主体は生徒たち、それを見守るのが教師の役割

ある物事について「知りたい」から、Google検索で調べてみよう、わかりやすい解説動画で理解を深めてみよう。ある課題について「自分なりの解決策を導き出したい」から、生成ＡＩに自分の考えをぶつけてみよう――。

ここでいう「知りたい」「自分なりの解決策を導き出したい」というのが、すべての原動力である心の部分です。こんなふうに学びに向かう心、それをコーチングすることができるのは、人間の教師をおいてほかにはいません。

では実際に、どうしたらいいのか。一方的に知識を授け、生徒を管理・指導するという従来の方法で、学びに向かう心のコーチングをするのは難しいでしょう。授業では、何かしら社会的な課題を示し、生徒たちが知識を活用して考える時間を多く設けることが理想です。

また、この手法は学校行事にも生かせます。

たとえばクラスごとにテーマを設け、調べた成果を発表する場合、「どんなテーマについてみんなで考えたいのか」「それについて考え、自分たちなりの結論を導くには、どうしたらいいいか」を、生徒たち自身に考えさせます。ここでも教師の役割は指導者ではなくファシリテーターです。

学びの主体は生徒たちです。生徒たちが学んだ成果は、担任教師の手柄ではなく、生徒たちの手柄です。つまり学校行事もまた、教師の「アリバイ作り」や、自己承認欲求を満たす手段であってはならないわけです。

今まではテーマの設定から調査の進め方、発表の仕方に至るまで教師主導で行われてきたかもしれませんが、その大部分を生徒の手に返してあげる。教師は一歩引いて、できるだけ手も口も出さずに、生徒たちの選択を見守る監督役に徹することが、何より有意義な「学びに向かう心」のコーチングになるでしょう。

「読み書きそろばん」から「読み書きそろばん＋テクノロジー」へ

「苦手を克服する」発想にもアップデートが必要

これだけ便利なデジタルツールが溢《あふ》れている今、デジタルリテラシーは、「読み書きそろばん」に加えて、生きていくうえで必須の基礎教養になっているといっていいでしょう。

たとえば、Google検索は、適切なキーワードを入れなくては、最短で自分が求める情報に辿《たど》り着くことはできません。ChatGPTに筋のいい答えを生成させるためには、筋のいいプロンプトを入力する必要があります。

つまり、いい問いには、いい答えが返ってくるということです。デジタルツールは、あくまでもツールであり、それがいい働きをするかどうかは、ひとえに、ツールに指示を与え、働かせる人間のほうにかかっているわけです。

したがって、いくらデジタルテクノロジーが発達しても、人間が勉強しなくてよくなるわけではありません。

基礎学力があって初めて、デジタルテクノロジーは有用になる。テクノロジーを使いこなすために、基本的な「読み書きそろばん」、学年にして小学4年生くらいまでの学力は、やはりちゃんと身につけたほうがいいでしょう。

そして、基礎学力という土台のうえで、「あるテーマについて自分で考えてみる」「ある問いに対し仮説を立ててみる」「ある問題を自分で解いてみる」ことが欠かせません。まず自力でやってみるという訓練は、中学・高校でも続けたほうがいいでしょう。

生成ＡＩは「答えを教えてくれる先生」ではなく、「アイデアの壁打ち相手」です。その点を履き違えて、何でも生成ＡＩに答えを出させるのは、問題集の解答を先に読んでしまうようなもの。当然ながら、学力も知力も伸びません。

ただ、基礎学力といっても、各科目で平均点に達するよう目くじらを立てる必要はないと思います。等しく学ぶ機会を与えることは重要ですが、科目ごとの得手不得手は不問でもいいでしょう。ある科目が得意な子は得意でいいし、ある科目が苦手な子は苦手でいい。これくらい大らかでいいと思うのです。

というのも、人の能力は千差万別だからです。それは社会に出てから明確になるものではなく、初等・中等教育のうちから現れます。現に、たいていの生徒には得意科目と苦手科目があるものでしょう。

そこで苦手を克服するよう努めてきたのが日本の学校教育ですが、アップデートが

育てるべき人材に関する発想のシフトチェンジ

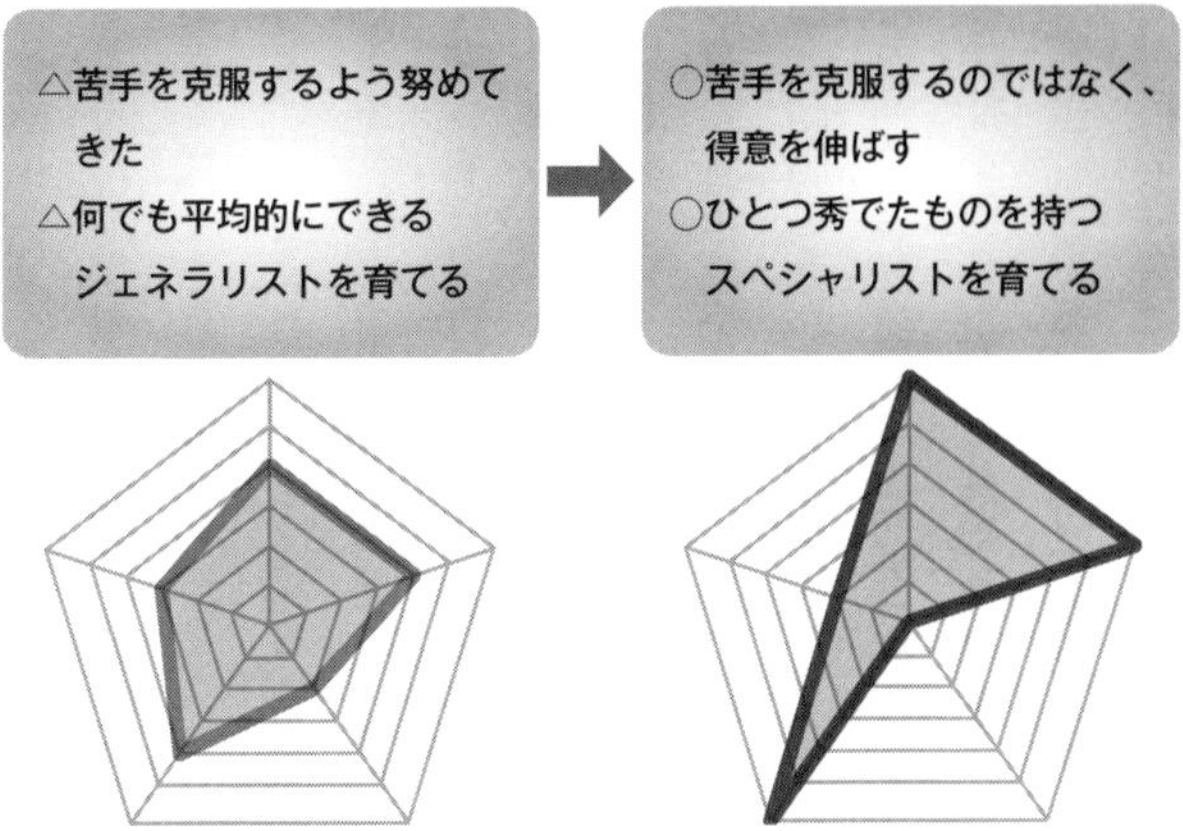
△苦手を克服するよう努めてきた
△何でも平均的にできるジェネラリストを育てる
○苦手を克服するのではなく、得意を伸ばす
○ひとつ秀でたものを持つスペシャリストを育てる

必要です。苦手を克服するのではなく、得意を伸ばす。何でも平均的にできるジェネラリストを育てる発想から、ひとつ秀でたものを持つスペシャリストを育てる発想へとシフトすべきだと思います。

というのも、いわば教育のアウトプット先である社会が、すでにスペシャリストを求めるようになっているからです。

かつてのような「右向け右」式ではなく、それぞれに異なる才能が集結し、コラボレーションすることで新しい価値を生み出す。日本の産業構造も、ようやく、そのように変化してきているのです。

生徒の能力に優劣はない

もちろん、なかには勉強全般が得意な生徒もいるでしょうし、いくらスペシャリストがもてはやされようとも、社会でジェネラリストがまったく不要になることはありません。たとえばバランス感覚が重要な政治家や、高度な情報収集力と事務能力が求められる官僚などには、おそらくジェネラリストのほうが適しています。

ですから、スペシャリストのほうがすごい、ジェネラリストのほうがすごい、という話ではありません。ジェネラリスト的な能力もスペシャリスト的な能力も、今やひとつの個性として受け止めればいいのです。

学校教育においても、「体育は2だけど数学は5」という生徒もいれば、「数学は2だけど国語は5」という生徒もいるし、「全教科5」という生徒もいる。すべてが優劣なく並列的に存在できる、存在していていいという価値観が学校教育に通底することで、生徒を何の型にもはめることなく、それぞれの本来の能力を伸ばしていけるでしょう。

それに、学校教育を終えてからも、学ぶ機会はいくらだってあります。

大人になってから、中学生のころはからきしダメだった数学に急に興味が出て、「中学数学」の教科書で学び直す。社会に出てから海外に行くことが増えて、英語の必要性を痛感し、独学で英会話を学び始める。あるきっかけで、中学生のころは「つまらない」としか思わなかった歴史が好きになり、歴史書を読み漁《あさ》る。

一事が万事、このように「興味が出たときが学びどき」です。学校教育の間に、ある程度、苦手を克服しなくては学びの可能性が狭まってしまうという見方もあるでしょうが、それは学校教育に携わる人が陥りがちな視野狭窄《きょうさく》なのです。

そんな視点から、すべての科目で平均点を取れるよう生徒を導こうとしても、当の生徒は窮屈な思いをするだけでしょう。結果として「学校は楽しくない」「勉強はつまらない」「だから勉強しない」という、最も避けたい事態に陥りかねません。

そう考えてみれば、学校では苦手を克服することよりも、「今、このとき」に各々の生徒が「得意」「好き」「楽しい」と感じている科目を伸ばすことに重点を置くべきだという話も、いっそう説得力が増すのではないでしょうか。

生徒の将来に直結する「デジタル・デザイン」の授業

昨今のデジタルツールが非常に有用であることは、もう疑いようがありません。何をいかに活用するかを現場レベルで研究し、取り入れ方を工夫することで、前時代的な授業を、新時代の要請に応えうる授業へとアップデートしていける可能性が高いのです。

そのアイデアのひとつとして、ぜひここで共有しておきたいことがあります。私が新時代の学校として注目している星の杜中学校・高等学校のＤＸ推進ディレクターのトキワエイスケ先生が、「探究学習」の一環として担当している「デジタル・デザイン」の授業です。

デジタル・デザインとは、ひと言で言うと、テクノロジーを知ったうえで自分の適性を探究し、進路を選べるようになるための授業です。

この授業のなかで、生徒たちは各々の性格、趣味、興味などから、将来的に仕事にも活きるスキルを発見し、実際に、テクノロジーを活用しながら、自分のスキルを使って身近な課題を解決する、という体験をします。

このように、テクノロジーと自分の能力を結びつけながら人生をデザインする。そんな試みを通じて、将来、生徒たちは、実社会に出たときに「テクノロジーを味方として思考力や想像力、創造性を発揮できる人間」として活躍する出発点に立つことができるわけです。

学校生活と社会生活はつながっています。やがて待ち受けている社会生活で、思考力や想像力、創造性をいかんなく発揮できるよう、テクノロジーを使って自分の能力を活かす練習をさせる授業には、従来の知識詰め込み型の授業では叶わなかった「本当の学び」があるといっていいでしょう。

考える力を伸ばす「探究」の授業の組み立て方

たとえば「ザビエル」をテーマに高次思考をする

これからの授業は、より多くの時間を高次思考に割くことが理想ですが、教師にとっては悩みの連続になるでしょう。

「正解」のある知識の習熟度をはかるテストならば、作成するのも採点するのも容易ですが、高次思考には正解がありません。したがって、高次思考を求めるテストを実施しても、「○」「×」というように機械的に採点ができないのです。

人の思考力や想像力、創造性を評価するのは、たしかに難しいことです。しかし問題の出し方を工夫し、採点の基準をあらかじめ設けておけば不可能ではありません。

そこで参考にしていただきたいのが、首都圏模試センターが示している「思考コード」です。まずは次ページのマトリックスをご覧ください。

新しい学力の基準「思考コード」

変換操作	全体関係	変容3	ザビエルがしたこととして正しい選択肢をすべて選び年代の古い順に並べなさい。 A3	キリスト教の日本伝来は、当時の日本にどのような影響を及ぼしたのか、200字以内で説明しなさい。 B3	もしあなたが、ザビエルのように知らない土地に行って、その土地の人々に何かを広めようとする場合、どのようなことをしますか。600字以内で答えなさい。 C3
複雑操作	カテゴライズ	複雑2	ザビエルがしたこととして正しい選択肢をすべて選びなさい。 A2	キリスト教を容認した大名を一人あげ、この大名が行ったこと、その目的を100字以内で説明しなさい。 B2	もしあなたが、ザビエルだとしたら、布教のために何をしますか。具体的な根拠と共に400字以内で説明しなさい。 C2
手順操作	単純関係	単純1	（ザビエルの写真を見て）この人物の名前を答えなさい。 A1	ザビエルが日本に来た目的は何ですか？ 50字以内で書きなさい。 B1	もしあなたが、ザビエルの布教活動をサポートするとしたら、ザビエルに対してどのようなサポートをしますか。200字以内で説明しなさい。 C1
（数）	（言語）		A 知識・理解思考	B 論理的思考	C 創造的思考
			知識・理解	応用・論理	批判・創造

変換操作	全体関係	変容3	A3	B3	C3
複雑操作	カテゴライズ	複雑2	A2	B2	C2
手順操作	単純関係	単純1	A1	B1	C1
（数）	（言語）		A 知識・理解思考	B 論理的思考	C 創造的思考
			知識・理解	応用・論理	批判・創造

出典：首都圏模試センター「子供の学力の新観点『思考コード』を知っていますか?」（2017年6月14日）

このマトリックスは縦軸1〜3、横軸A〜Cに分類されています。このうち、A1〜B3までは正解がある問題、つまり知識の習熟度をはかるための問題であることが見て取れるでしょう。

従来の知識の詰め込み教育では、どれほど発展的な問題であってもB3止まりでした。

ではC1〜C3はどうかというと、すべての問いが「もしあなたが〜」で始まっています。つまり、Cはすべて、「ある状況を仮定して答える問題」であり、正解がない。しかも、C1、C2は「ザビエルの布教」という状況設定が残存している一方、C3に至っては、「ザビエルのように」と抽象化されています。

いずれも生徒の思考力や想像力、創造性を問うものであり、単純に「○」「×」がつけられません（1章で例に挙げた慶應義塾大学環境情報学部の入試問題を思い出した方も多いでしょう）。

これで高次思考を求めるテストの組み立て方のイメージは湧いたかと思いますが、

ではC1〜C3のような問題を、どう採点すればいいか。鍵は5W1Hです。つまり、「何」「どこ」「いつ」「誰」「なぜ」「どのように」が論理の破綻なく組み込まれているかどうかで採点すればいいのです。

「探究」によって、実は知識も定着しやすくなる

より本質的に考えるならば、こうした高次思考は、そもそもテストに出題して点数をつけることに向いていないともいえます。なぜなら、本当は「考えるプロセス」を見なければ、高次思考を適切に評価することはできないからです。

テストの回答欄に書かれる「考えた結果」だけでは、その生徒が、どのように思考を深め、その結論に至ったのかが見えません。また、高次思考においては生成AIも含む他者との協働も重要です。他者といかに意見を出し合い、時には意見を戦わせ、結論に至ったのかというプロセスも、テストではかることができません。

したがって、定期テストは従来どおり、知識の習熟度をはかる（正解のある）問題だけで組み立てる。そして、今、示した「Cの列」に該当するようなことは授業の中で

補完するというのも一案です。

だからといって、高次思考が評価の対象から外れるわけではありません。

先のマトリックスでいうと、A1~B3に属する問題は定期テストで出題する。

そしてC1~C3に属する問題は授業の中で考えることにして、そこでの生徒の振る舞い――積極的に意見を出しているか、論理的に自分の意見を説明しているか、他者の意見にも耳を傾けたうえで思考を深めているか――などを見て評価を下す。これはテストの点数以外を点数化する「平常点」に含めます。

この二段構えで、生徒の低次思考（知識習得）と高次思考（思考力、想像力、創造性）を見ていくようにするといいでしょう。

ちなみに、高次思考の時間配分を増やすと、実は知識の習得、定着も、より確実になります。高次思考は知識に基づいて行われるものだからです。

先のザビエルの問題でいうと、ザビエルに関する基礎知識がいっさいないまま、C1~C3のような高次思考をすることはできません。

フランシスコ・ザビエルとは、いかなる人物なのか。どの時代に、どんな目的の下、何をしようとして、どうなったのか。この基礎知識が定着していて初めて、「もし私がザビエルだったら〜」「もしザビエルのように〜」式の問題についても考えることができるというわけです。

何より重要なのは、このように高次思考をする過程で基礎知識を定着させるプロセスのほうが、ずっと楽しく学べることです。

歴史の勉強というと、かつては年号と出来事を機械的に頭に叩《たた》き込むものでした。でも、そんなおもしろくも何ともない、苦痛しかない学習法を生徒に強いるのはおしまいにしないと、新時代に真に活躍できる人間を育てることなどできないでしょう。

「シンキングツール」を活用して「考え方」を教える

「問いかけて、放置する」では意味がない

高次思考的な問題は授業の中でカバーする。知識を授けるだけでなく、生徒たちが自分の頭で考える「探究」の時間を設けることが重要であるというのは、今までの話で理解していただけたかと思います。

ここでもうひとつ、注意したいのは「さあ、この問題について考えてみよう」と投げかけるだけでは不十分だということです。生徒たちは、「自分で考える」「考えを深める」という作業においては未熟です。課題を設定されて「考えてみよう」と言われても、「どう考えたらいいのか」がわからない段階なのです。

ですから、高次的な思考を育てるためには、まず考える課題と一緒に「考えるため

のツール」も提供する必要があるでしょう。生徒たちは、考える練習を積むために、シンキングツールを用いた「考え方」を教わるというわけです。

シンキングツールには、次のようにいろいろな種類があります（以下では、①『いま知らないと後悔する２０２４年の大学入試改革』石川一郎、青春出版社、２０２１年／②みんなの教育技術「21世紀型の考える力を育てる『思考ツール』17チャート解説」２０２０年11月９日公開を参照しています）。

■物事を多面的に見る、分類するシンキングツール

・Xチャート／Yチャート／Wチャート

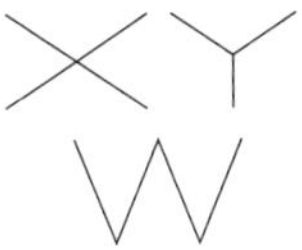

例：美術作品について、「視覚：作品の色味、タッチ、構成」「触覚：形状、大きさ」「聴覚：音楽」など、五感のそれぞれに応じた記録を行い、新たな発見を得る。他にも「作品のモチーフについて感じたこと」「作者の生い立ちについて気づいたこと」「似た作品にはどのようなものがあるか」などの複数視点を書き出す際にも役立つ。

・くま手チャート

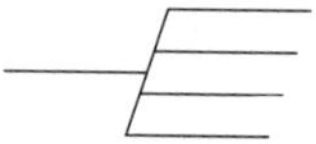

例：くま手の柄の部分に、考えるトピックとして「電気をつくるには？」と書く。くま手の歯の部分に、「風力発電」「水力発電」「太陽光発電」「地熱発電」「人力発電」などの選択肢を割り当て、電気を生み出す行為について多面的に見る。

・PMIチャート

P プラス：Plus よいところ	M マイナス：Minus だめなところ	I インテレスティング：Interesting おもしろいところ

例：『ごんぎつね』に登場する子ぎつねのごんについて、長所、短所、その他興味深く感じた点や疑問に感じた言動を記載。3つの側面から見ていく。

■物事を順序立てる、構造化するシンキングツール

・ステップチャート

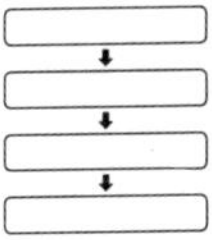

例：「校則は必要か？」という議題を設定する。用意されたボックスに上から順に次のように当てはめていく。「何かしらの校則がある学校は多い」→「しかし、校則破りが問題になっている」→「校則はあるべき／校則は廃止していい」→「モラル意識が保たれ、社会的イメージの向上にもつながる／生徒の自律心が育つ」

・プロット図

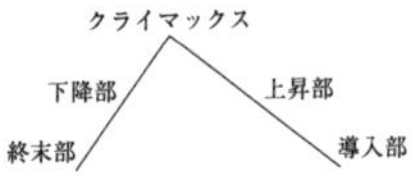

例：長編の随筆、論文を読む際に、導入〜終末までを起承転結でフェーズ分けし、話の流れや著者の主張を整理・分析する。

・バタフライチャート

例：蝶《ちょう》の胴体の部分に「小早川秀秋は関ヶ原の戦いで西軍（石田三成）を裏切った。この行為に対し、あなたは賛成か反対か？」と置く。左側の翅《はね》に「強い反対理由」「反対の理由」、右側の翅に「強い賛成理由」「賛成の理由」をそれぞれ書く。

・ピラミッドチャート

例：「街中でのポイ捨てを減らすには？」という議題に対し、思いついた解決策を最下段に書く。そのなかから重要だと思ったものを抽出し、中段に書く。さらに中段の内容で最も重要だと感じた事項を上段に書く。

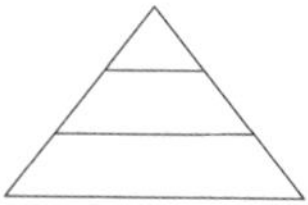

■物事を比較するシンキングツール

・ベン図

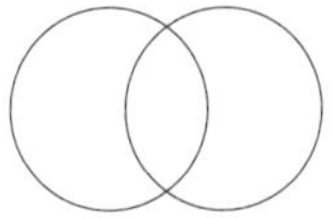

例：物語の主人公Aと、その友人Bのそれぞれの特徴を分類し、両者の類似点を整理する。
実験で用意された化学物質について、「白い粉末」「水に溶ける粉末」「白くて水に溶ける粉末」の3種にカテゴリ分けを行う。

・座標軸

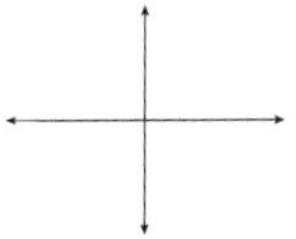

例：自然界の生き物を「体のサイズ（大きい―小さい）」「足の速さ（速い―遅い）」の4象限でカテゴライズする。

■物事の変化を捉えるシンキングツール

・同心円チャート

例：一番小さな円に「自分にとっての生活課題」、中規模の円に「家族にとっての生活課題」、一番大きな円に「地域社会の人々にとっての生活課題」を整理する。

中心に「30年前のテクノロジー」、ひとつ外側の円に「現代のテクノロジー」、最も外側の円に「30年後の未来のテクノロジー」を記載する。

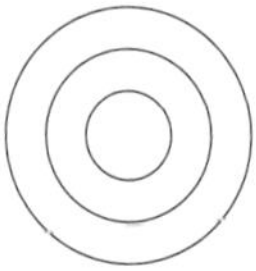

■物事の複数要素を関連付けるシンキングツール
・コンセプトマップ
例：小説の登場人物の関係性、出来事などを相互に関連付ける。

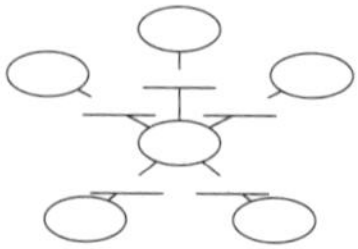

■物事を理由付けるシンキングツール

・クラゲチャート

例：上半分に「とある哲学者や思想家の主張」を明記し、下半分の複数の小円に「その主張に至った理由・論拠・根拠」を書き込む。

・フィッシュボーン

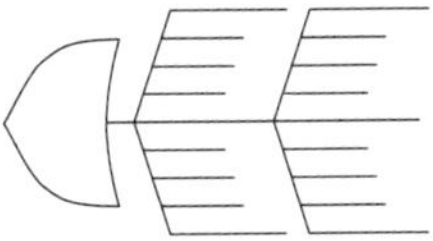

例：魚の頭の部分に「プロスポーツ選手になる」と記載。中骨には、その結果に影響する要因として「地道なトレーニングを重ねる」「敏腕コーチに教えを乞う」などを書き入れる。さらに、小骨には「基礎体力がつく」「心技体のシナジーが鍛えられる」「世界で通用するスキルやマインドが身につく」など、中骨の要因が具体的にどのようなことを含むのかを書く。

■物事を推論するシンキングツール

・キャンディチャート

例：左側に「条件（もし私が卑弥呼《ひみこ》だったら）」、中央の円に「結果（〜をする／〜になる）」、右側に「理由（なぜなら〜だから）」と記載し、仮設・結果・要因を整理する。

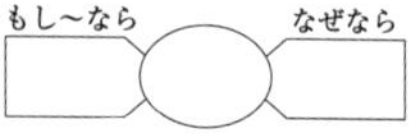

■物事のイメージを広げるシンキングツール

・ウェビングマップ

例：中央に「ノーベル賞」と書き、周囲に関連キーワードや連想できたテーマを書き込んで思考を広げていく。

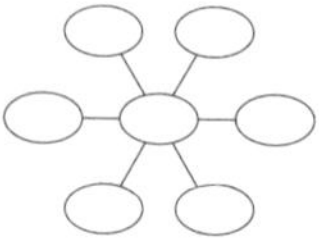

■自分の知識、思考を整理するシンキングツール

・KWLチャート

K What I know 知っていること	W What I went to know 知りたいこと	L What I learned 学んだこと

例：総合学習などの際、学習を始める前に、テーマやトピックに対して「K：知っていること（What I know）」と「W：知りたいこと（What I want to know）」、学習終了後に「L：学んだこと（What I learned）」を書く。

出典：みんなの教育技術「21世紀型の考える力を育てる『思考ツール』17チャート解説」（2020年11月9日）

この思考のフレームワークは、社会に出てからも役立つ

これらのシンキングツールを見て、ビジネス書のようだと思われた人も多いかもしれません。そのとおり、シンキングツールは物事を順序立てたり、構造化したり、整理したりすることに役立つものですから、仕事にも使えます。

シンキングツールを使って自分なりに考えることが身についていれば、ChatGPTなど生成AIにも効果的な投げかけ方ができるようになります。生成AIを「壁打ち相手」として使いこなし、生産性を劇的に上げることもできるのです。

だからこそ、生徒たちが将来的に社会で活躍できるよう、シンキングツールを用いて「考える技法」を学校の授業で学ばせることが重要です。

学校では知識の習得のみで、社会に出てから考え方を学ぶようでは時間がかかりすぎます。「物事をどう考え、自分なりの結論を導けばいいのか。こういうところを学生のうちに学んでおきたかった」と痛感している社会人も多いはずです。

ですから、今後求められるのは、ゆくゆく生徒が「学校の授業で考え方のトレーニングは積んだ。あとは実社会での実践を通じて、学校で学んだことに磨きをかけてい

くだけ」という状態で社会に出るようにすること。そうしてこそ、学校教育は、その役割をきちんと果たしたといえるのです。

授業でデジタルツールを活用する

パンデミックで一気に進んだ「授業のデジタル化」

ではここで、デジタルツールを活用し、授業をもっと効率的に、有意義にしていくアイデアを紹介します。

新型コロナウイルスのパンデミックも影響して、タブレットは「生徒一人に1台」が当たり前になりました。そのおかげといってはなんですが、デジタルツールを活用した授業は、いっそう行いやすくなっています。

ロイロノート・スクール——「探究」の時間に役立つ

ロイロノートとは、クラウド型の学習支援ツールです。授業の板書をオンラインで行えるため、主にコロナ禍で広まったリモート授業で重用されてきました。すでに全国の小学・中学・高校で導入されているので、教育現場にいる人なら、おそらくご存じの方も多いことでしょう。

このロイロノートの特徴のひとつは、テキスト、写真、動画、ウェブサイト、あらゆるコンテンツを盛り込んだ「カード」を作成できることです。

たとえば、ある課題についてクラス内で議論する場合、今までは、自分の意見を口頭で説明するしかありませんでした。しかし、生徒のなかには口頭でのコミュニケーションが得意な子もいれば、苦手な子もいます。そんな中、弁が立つ子のほうが優位になるという不公平が生じてきたことは否めません。

もちろん「弁が立つ」というのは評価されるべき能力のひとつですが、高次思考を鍛える授業で見るべきなのは、それだけではありません。

ロイロノートでできること

学習履歴の蓄積

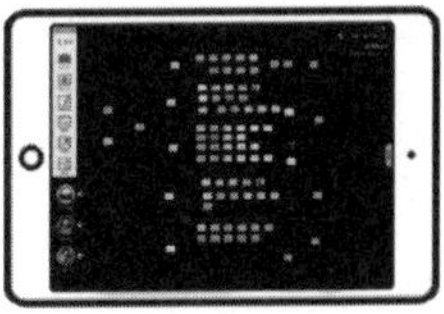

授業のすべてを蓄積すると学びの作品ができます。カードを整理することで振り返り、学習意欲が溢れ出ます。

つなげてプレゼン

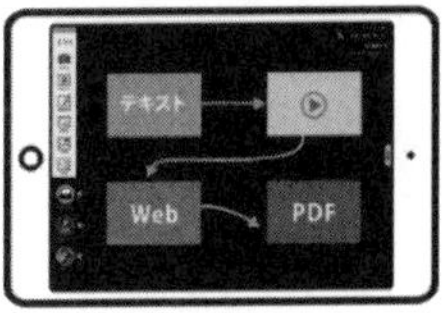

カードの中にカードを入れて組み合わせたり、カードをつなげてスライド完成。短い時間で発表できます。

シンキングツール

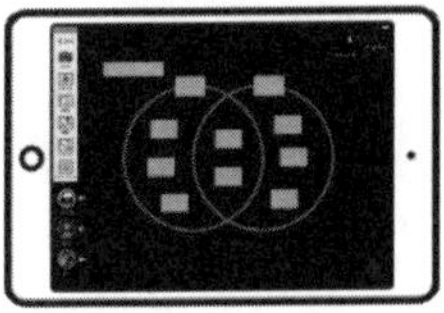

思考ツール上にカードを置くことで、アイデアの発散と収束を行い、考えを作り出すことができます。

協働学習

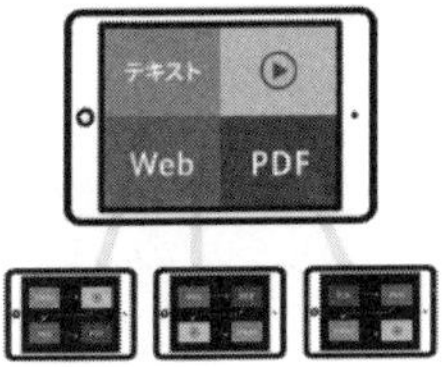

１枚のノートを複数人で共有して協働で編集します。グループで協働しながら作成します。生徒同士のファイル交換も簡単です。

出典：ロイロノート公式サイト

個人の頭の中は他者から見えません。ですから、生徒のなかには、ものすごく高度な思考をしている、けれどもそれを表現する術をまだ知らないだけ。そんな子もいるかもしれないわけです。つまり、「自分の意見をどう表現するか」と「いかに思考しているか」は分けて見なければいけないのです。

ロイロノートのカードならば、言語のほか、あらゆるコンテンツを使って直感的に自分の考えを表現することができます。いわば思考している頭の中を可視化できるため、教師は「いかに思考したか」を公平に評価できるのです。

また、ロイロノートはオンラインツールですから、生徒たちが作成したカードをクラス内で共有することもできます。会社でいうとパワーポイントを使ったプレゼンのように、あらかじめオンラインで共有されたカードを使って、視覚的に自分の意見を説明することもできるのです。

ロイロノートには、前に紹介した「シンキングツール」が内蔵されています。生徒たちはテーマや議論の目的に応じてシンキングツールを使い分け（どのシンキングツールを使って考えるのかを教師から示してもいいでしょう）、考えを深めることができます。また、ロイロノート上で多数決をとることもできます。

これらの機能を使えば、教科でいうと「社会」「倫理」「歴史」などで、ひとつのテーマについて生徒一人ひとりが考え、続いてクラスで議論する、といった高次思考的な授業をより効率的に、かつより有意義なものにしていけるでしょう。

ジャムボード――「学びの共有」に役立つ

ジャムボードは、ロイロノートと同様、コロナ禍でのリモート授業をきっかけとして一気に導入例が増えたツールです。

ロイロノートも同じなのですが、こうしたオンラインツールを使う一番のメリットは、ただ先生の「板書」を書き写すだけという思考停止時間を削減できることです。

アナログの板書は、生徒それぞれが書き写さないと共有できませんが、オンラインツールならば、先生の板書がそのまま手元のタブレットに表示されます。

ここで「板書を書き写す」という手間が省けることで、知識習得の段階がぐんと効率化され、その分を、高次思考的な授業に割り振ることができるわけです。

また、ジャムボードには「付箋」というおもしろい機能があります。

様々な用途が考えられますが、たとえば、授業を聞きながら考えたこと、理解のポイントや発見を生徒が付箋に書き込み、先生の板書に貼り付ける。

今まで、こうしたメモ書きは生徒が各々のノートに書き込むものでした。

しかしジャムボードの付箋機能を使えば、生徒それぞれの思考を全員で共有できます。ひとりの生徒が貼り付けた「理解のポイント」が、他の生徒の理解に役立つこともあれば、ひとりの生徒が貼り付けた「発見」から、全員参加の高次思考的な模索が始まることもあるでしょう。

このように、今までは「教師↓生徒たち」という一方通行だったものを、「教師↕生徒たち」という双方向的な共同作業にすることで、授業の質的な向上が期待できるのです。

そんなジャムボードなのですが、実は２０２４年12月31日以降に提供終了されることが発表されています。

詳しくはJamboard（ジャムボード）ヘルプ「Google Jamboardの提供終了について」というページをご参照ください。代替案としてはFigma（フィグマ）のFigJam（フィグジャム）、Lucid（ルーシッド）のLucidspark（ルーシッドスパーク）、Miro（ミロ）などのホワイトボードツールを組み合わせて使用することなどが考えられるでしょう。

それにしても、デジタルの世界は変化が速い。そしてどんどん便利になっていくというのが私の素直な実感です。

サービス終了は「そこで頭打ち」を意味するのではなく、「発展的な終了、および次のバージョンへの刷新」といった可能性を感じさせます。ジャムボードに限った話ではありません。ユーザー側としては、情報感度を上げ、常に最新ツールを活用できるようにすることで、よりよい学習環境を子どもたちに提供しやすくなるのです。

ＡＩ――授業の効率化、教師の労力削減に役立つ

ＡＩのなかでも、昨今、最も話題をさらっているのはChatGPTなどの生成ＡＩです。

今の生成ＡＩは「大規模言語モデル（ＬＬＭ）」と呼ばれるモデルで学習させたものですから、言語系の科目との親和性は非常に高いといえます。

たとえば国語では、テキスト系生成ＡＩで、生徒が長文を要約したものが要点をしっかり押さえ、整理できているかをチェックする、生徒の論述のロジカルな整合性をチェックする、といった用途が考えられます。

英語では、テキスト系生成ＡＩを使って生徒の「英文作成」の文法・単語をチェックする、生徒の「英文和訳」の正誤をチェックするといった用途が考えられます。さらには音声系生成ＡＩを使えば、生徒の「英会話力（スピーキングとリスニング）」を鍛えることも可能でしょう。

算数・数学でもＡＩは活用可能です。

その筆頭ともいえる「atama《アタマ》＋《プラス》」は、生徒一人ひとりのレベルに合わせた細やかな出題をしてくれるＡＩ教材です。ある問題で間違えたら、再度、類似する問題が出され、正解できたら少し難易度の高い問題が出される、という具合です。すでに全国の塾や予備校で採用されていますが、学校でも活用しない手はないでしょう。

こうしたＡＩ教材を活用すれば、生徒たちは、一斉出題される問題が簡単すぎるがゆえの退屈さも、難しすぎるがゆえの焦りも感じることなく、自分にカスタマイズされた問題群で、それぞれが着実に力をつけていくことができます。

たとえば、教師が教える授業とＡＩ教材を用いた自習時間の両方を設け、生徒の選択制とするケースや、最初の10分間ほどは教師が例題を出しながら解説し、あとはＡＩ教材による自習時間とするケースなどは、すでに導入例があります。

また、生成ＡＩは授業の組み立て、テスト作成にも役立ちます。

「日本史の授業で明治維新について3時間で教えるには、どういう順序で教えたら理解しやすいだろうか」

「今度の期末テストの範囲は、この教科書のここからここまで。範囲をもれなくカバーする問題を30問、作ってください」

こんなふうに生成AIを、「授業」「テスト」を考える際の「壁打ち相手」とすることで、自分ひとりでゼロから考えるよりもかなりの労力を削減できるでしょう。

生成AIを用いたカリキュラム作成を提供するサービスも、すでに登場しています。「カリキュラム開発・AI」は、生成AIと教育の専門家により、最短1日で実践的なカリキュラムを開発し提供するサービスです。海外で広く適用される教育理論をベースに、GIGAスクールを活用した探究学習や評価などにも対応しています。

有料なので教師が個人的に使用するのは難しいかもしれませんが、今後、こうしたサービス事業者に入ってもらい、学校としてカリキュラム作成を効率化することなども、当たり前になっていくかもしれません。

私立校などの生成AI導入例

私立校や一部の国立校には、すでにいくつか、ユニークな方法で生成ＡＩを取り入れている事例があります。参考までに、ドルトン東京学園とお茶の水女子大学附属中学校の導入例を挙げておきましょう（日経ＸＴＥＣＨ「中高で進む生成ＡＩ活用、ドルトンやお茶中が授業の「メインゲスト」にChatGPT」森岡麗、２０２３年7月3日公開を参照）。

■ドルトン東京学園
ChatGPTを同校の「メインゲスト」として位置付け、英語のスピーチ作成の課題などに取り入れている。

まず生徒が英語でスピーチを書き、英語教師が作成したプロンプトを使ってChatGPTにリライトさせる。生徒はそのリライト原稿を元に、表現などを自分にしっくりくる言葉に書き換え、スピーチを行う。

つまりChatGPTのリライト原稿は「正解」ではなく「参考程度」であり、生徒はその一部分を転用するのみ。最終的には生徒が自分でオリジナルのスピーチを練り上げることが重視されている。生徒のアイデアの「壁打ち相手」、および添削などで教師の負担を軽減する「補佐役」として生成AIを使っている好例。

■お茶の水女子大学附属中学校

積極的にChatGPTを取り入れることを検討しているが、まず国語の「詩の読解」に採用された。まず生徒が特定の詩の一部を解釈する。続いてChatGPTにも同じ詩を読み込ませ、同じ部分を解釈させると、かなり的確な答えが返ってくる。センスや感性ではなく、文脈やパターンによる詩の読解例を見せることで、センスや感性に自信がない生徒も意欲的に詩の読解に取り組むことができる。

また、文章を批判的に読む際にも、ChatGPTが有効活用されている。ChatGPT相手ならば、教師や同級生と違う意見でも躊躇《ちゅうちょ》なく言うことができるため、そこから活発な議論が起こり、生徒の思考力や表現力が鍛えられるという効果がある。

さらに、生成AIより生徒のほうが優れた答えを導ける課題を出すこともある。たとえば、『枕草子』にある「うつくしきもの」（かわいらしいもの）の例を挙げるという課題では、ChatGPTが出した答えは的外れだったため、生徒は必然的に「自分の答えのほうがいい」と見なし、自ら考えだした。課題の出し方次第で、「生成AIの生成物を自分のものとして提出する」という発想が働かないことを示す好例。

この2例を見るだけでも、生成AIを使うことを頭ごなしに禁止するより、有効な活用法を考えたほうが、はるかに生徒のためになることが窺えます。

動画コンテンツ――知識習得の効率化に役立つ

すでに随所で触れていますが、知識を教える際には、YouTubeなどの動画コンテンツを取り入れるといいでしょう。

ジャンルを問わず、YouTubeには「腕に覚えあり」の解説者が動画や画像を使ってわかりやすく解説しているものが山ほどあります。しかも、ときおり広告で中断されることはあるものの、基本的に無料です。

それを活用しない手はありません。授業の前にYouTubeなどを検索し、解説が適切でわかりやすい動画を見つけておくだけで、今まで教科書の補助教材を作っていた時間、労力がかなり浮きます。その分で、いかに「探究」の時間をデザインするかを考え、準備する時間に充てることができるのです。

これでは教師はほとんどすることがないと思われたかもしれません。たしかに、デジタルツールを取り入れると、今まで教師が担ってきた業務は大幅に削減、あるいは効率化されますが、いったいそれの何が悪いのでしょうか。

これからの教師の役割は、生徒たちが学びに向かう初期の動機付けであると前に述べました。

授業では教科の楽しさを見せ、生徒たちの「学びに向かう力」を刺激する。そして自習の間は教室に「存在」して生徒たちを見守り、生徒たちの話に耳を傾け、生徒が助けを必要とするときだけ手を差し伸べるという役割を果たせればいいのです。

過度な放任主義、無責任ではなく、これこそが、生徒の管理者・指導者から脱却した新時代の教師の姿といっていいでしょう。

教養という「思考の種」を蒔く

知識は思考のトリガーになる

学校の先生たちと教育論を交わしていると、よく「考える力か知識か、どちらのほうが重要か」という話になります。

近年では「考える力」の重要性が社会的に高まっており、学習指導要領でも重視されています。しかし現場にいる教師たちからすると、「考える力が大事なのはわかるけれども、知識がなくては考えることもできない。だから、やはり知識のほうが重要」という意見が多いようなのです。

他方、そもそも「考える力か、知識か」という二元論で考えることに無理があるというのが私の考えです。

本書では「探究」の時間を設けることの重要性を述べてきましたが、だからといって知識を教えることが間違いだとは考えていません。ただ問題は、何のために知識を教えるのか、です。それは、いうなれば教養という「思考の種」を蒔《ま》くためだと私は考えています。

この世には膨大な知識があります。人間はすべての知識を頭に入れることはできませんし、当然、すべての知識を学校で教えきることもできません。

しかし知識は思考のトリガーになる。あることについて考えようというときに、学校で習った知識を取り出して思考の足がかりとすることで、思考を自在に広げ、深め、そして自分なりの結論を導くことができるわけです。

まず足がかりとなる知識を取り出すことができれば、そのときどきに必要な発展的な知識や情報は、それこそインターネットにアクセスすれば、いくらでも引っ張ってくることができます。自分なりに考えたことを生成ＡＩにぶつけ、考えを深めることもできます。

したがって、学校教育において重要なのは、知識を単発の知識として教えるのではなく、いつか、どこかで思考のトリガーになりうる「教養」として教えることだと思います。知識を普遍化することで、何かについて考える際に応用できるようにする、といってもいいかもしれません。

理科と社会は「人間の過去を知り、未来を予測する」ための教科

これは、教科では特に「社会」と「理科」にいえることです。

理科では、人類が過去に明らかにしてきたことを学びます。社会では、過去に人類が行ってきたことや今の社会の成り立ちを学びます。

まず、理科から具体的に考えてみましょう。

理科の授業には実験がつきものですが、大事なのは実験そのものではありません。実験の一番の目的は、生徒たちが「ある現象には法則がある」という自然界の理《ことわり》を知ることにあります。

そこがわかっていると、将来、未知なる現象が起こったときにも「どんな状況で、いかなる条件が揃って起こったのか？」という仮説を立て、自分なりに検証することができます。

立てた仮説が合っているかどうかは、大した問題ではありません。第一に、物事の裏側で働いている法則性を感じ取り、考える「理数的な思考回路」が身についていることこそが重要なのです。

また、理科の授業で習った知識を使った「探究」の時間を設けるとしたら、どんな問いを出したらいいでしょうか。

たとえば「二酸化炭素」について学んだとします。二酸化炭素はどんな物質で、どういう性質があるのかを学ぶ。今まではここまでで十分でしたが、今後は、この二酸化炭素に関する知識を使って考える時間を設ける必要があります。

二酸化炭素といえば、やはり思い浮かぶのは地球温暖化でしょうか。となると、「どうしたら二酸化炭素を削減し、地球温暖化の進行を食い止めることができるだろうか？」という問いについて考える時間を設けるのは一案でしょう。2章で述べたような「博士」先生が、こういうときこそ本領を発揮します。

高次思考ができれば、安易な感情論に陥らない

他方、社会の歴史の授業なら、年号と出来事を機械的に覚えさせるのではなく、その出来事にはどんな背景があったのかを含めて教える必要があります。

「歴史は繰り返す」といわれるように、人の世ではしばしば似たようなことが起こります。過去の出来事が背景と共に頭に入っていれば、仮に現代において似たような出来事が起こったときに、その知識を使って考え、仮説や予測を立てることができます。

たとえば2020年から2022年にかけて、新型コロナウイルスのパンデミックが起こりました。

ウイルスの種類は違いますが、新型インフルエンザウイルスの世界的流行ならば、人類は100年前に経験済みです。スペイン風邪が辿った経緯を知っていれば、「いずれピークアウトしてパンデミックは収束する」と予測が立てられるでしょう。

そのうえで、ワクチンや感染状況の最新情報を注視したり、疫学の新しい知識を仕入れたりしつつ感染予防を心がけていれば、無闇に怖がる必要はありません。

もうひとつ近年の歴史的出来事から例を挙げましょう。

2022年2月、ロシアはウクライナに侵攻しました。日本を含む西側諸国は猛反発し、次々とウクライナ支援を表明しますが、ロシアは一歩も引こうとせず、戦いは長引いています。

「ロシアひどい。ウクライナかわいそう」と言うのは簡単です。しかし感情論に陥るのは、あまりいいことではありません。自分とも決して無関係ではない世界情勢を読み解くには、ロジカルかつ建設的に考える必要があります。

こういうときにも、学校で習った歴史の知識が役立ちます。

ウクライナはロシアの隣国です。人種構成も似ています。そこにNATO（北大西洋条約機構）が拡大しようとしていることに危機感を覚え、ウクライナ侵攻に踏み切ったというのがロシアの肚《はら》だと見られています。

少し俯瞰して見ると、これは太平洋戦争突入前後に、日本がアジア諸国について考えていたことと似てはいないでしょうか。

当時の日本には「西洋諸国の支配からアジアを解放する」という大義名分がありました。日露戦争以降も南下政策を目論《もくろ》むロシアに対しても危機感がありました。アジア諸国とは、西洋の国々よりも我が日本のほうが民族的に近い。ならば私たちがアジアのリーダーとなり、西洋諸国に対抗できる大東亜共栄圏を作ろう——。

ウクライナに打って出たロシア、他のアジア諸国に打って出た日本のロジックは相似形を成しています。そこで過去に習った知識を使って、今起きていることをどう見るか、どう考えるか。

たとえば「どんな理由があろうと他国の主権を脅かすのは間違っている。あのころの日本は間違っていたし、今のロシアも間違っている」と考えたとしたら、これは「ロシアひどい」という感情論とはまったくレベルの異なる立派な意見です。

これが、「知識を使って考える」ということなのです。

「スペイン風邪は、1918年〜1920年にかけて世界中で猛威を振るった新型インフルエンザウイルスである」「1941年12月8日、日本は真珠湾攻撃を行って、太平洋戦争が始まった」という具合に単発の知識を丸暗記しただけでは、こうした考え方はできません。

理科と社会、いずれの教科も「人類の過去や自然の成り立ちを学び、未来を予測する」ための科目といっていいでしょう。あまり意識されたことはないかもしれませんが、理科と社会は「知識を足がかりに、正解のないことについて考える」という具合に、低次思考と高次思考がひとつながりになっている教科なのです。

その観点からしても、授業では、知識を授けたあとに「じゃあ、こういう場合はどうだろうか？」「なぜ君はそう考えたのか？」式の問いかけから始まる「探究」の時間を設け、知識を応用して考える訓練をすることが、やはり新時代の授業の要諦となるでしょう。

教師は授業で知識を授けますが、厳密にいえば、教えるべきは「知識」そのものではありません。「知識を使ったものの見方・考え方」を教えることで、生徒が世の中に出たときに「未知のもの」「正解のない問題」を解決する力をトレーニングしているんだという、教える側の意識変革が必要なのです。

4章

これからの「学校」はどうあるべきか

――「新時代の学び舎」の理想像を描き出す

「大学全入時代」の高等教育の設計図

大学は「育てる人材」によって3種類に枝分かれする

ここまで、新時代の教師と授業のあり方を考えてきました。最終章となる本章では、さらに視点を広げて、今後、日本の学校教育はどうなっていくべきかを考えていきましょう。

最初に、従来の日本の学校教育を軽く振り返っておきます。

まず、小学校の主眼は「目標を立ててがんばれる能力を育てること」「集団行動ができる能力を育てること」の2点です。それが中学、高校になると、工業高校などの専科高校を除いて、「いい大学に入るため」に知識を詰め込む偏差値教育になります。

その間、生徒が各々の個性を輝かせながら、好きなことや得意なことをスキルに昇華させて生きていくための教育や、思考力や想像力、創造性を育む教育は、ほとんどなされない。これが従来の日本の学校教育の偽らざる姿でしょう。

急速に進む少子化、令和時代の価値観のアップデート、社会が求める人材像の変化などにより、こうした学校教育のあり方は近いうちにオワコン化する。だからこそ教師も授業も変わらなくてはいけないとお話ししてきました。

その先に見えているのは、大学のあり方も、今とは大きく異なっている未来です。

2040年には「大学全入時代」が到来すると考えられるため、入試による選別が有効な一部の難関大学以外は、自然淘汰の憂き目に遭うでしょう。そのなかで生き残っていくには、別のあり方を模索する必要があるということです。

この点を踏まえて考えてみると、従来の高等教育は、①「高度なジェネラリスト」を輩出する大学、②「高度なスペシャリスト」を輩出する大学、③「探究者」を育成する大学の3タイプに分かれていくことが理想ではないかと思います。

タイプ①は、政治家や官僚など高度なジェネラリストを輩出するための難関大学です。公人として国家運営に携わっていくような、いわゆる「エリート」を育てること

新時代の高等教育はこの3タイプに分かれる

①難関大学

- ▶政治家や官僚など高度なジェネラリストを輩出
- ▶「エリート」の育成が主眼
- ▶例：東大、早慶上智

②専科大学

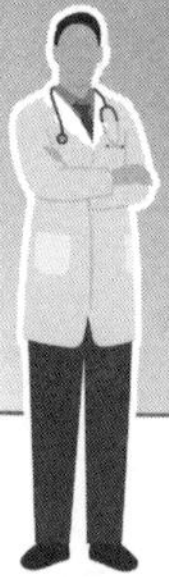

- ▶医学、農学、化学、工学、法学、芸術など、高度なスペシャリストを育てる
- ▶例：医大、農大、美大、法科大学院

③「探究」のための大学

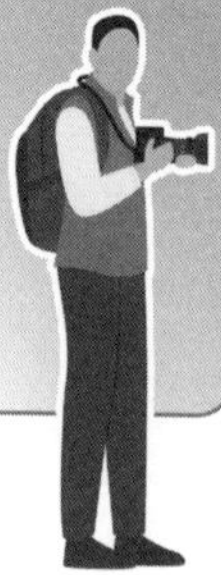

- ▶高校の延長で思考力や想像力、創造性を伸ばす
- ▶タイプ①に入らない大学のうち、「探究」の線で新たな価値へと生まれ変わったもの

を主眼とします。いわゆる難関大学が、このタイプに入るでしょう。

タイプ②は、医学、農学、化学、工学、法学、芸術など、高度なスペシャリストを育てるための専科大学です。このタイプは、すでにある医大や農大、美大、法科大学院などが、より高度に先鋭化されて残っていく形になるかもしれません。

そして、残るタイプ③はちょっとユニークです。高校の延長で思考力や想像力、創造性を伸ばす、本書でいうところの「探究」のための大学です。タイプ①に入らない大学のうち、「探究」の線で新たな価値へと生まれ変わった大学だけが、タイプ③として生き残っていくイメージです。

たとえば、起業家を育てる、ビジネススキルを育てる、あるいはひとつの学問分野を究め、修士・博士号を目指すなどの学部をもつ大学は、このタイプ③に入るでしょう。

現に武蔵野大学は、2021年、「アントレプレナーシップ学部」という学部を新設しました。こういうユニークな学部がもっと増えて、より多様な人材が社会に輩出されるようになっていくといいと思います。

誰もが活躍できる社会にしていくために

大事なのは、これらの3タイプの大学が優劣によって序列をつけられることなく、ただ「目的、性質が違うもの」として並列的に存在できることです。

なぜなら、この社会を運営していくためには、高度なジェネラリスト、高度なスペシャリスト、そして、考えを深めて想像・創造し、新たな価値を生み出す探究者、すべてのタイプの人間が必要だからです。人の個性や才能は、ただ「相互に違う」だけであり、優劣をつけられるものではないのです。

もちろん、よく言われる「とりあえず大学だけは出ておこう」という価値観も、過去のものとしていかなくてはいけません。

高校を卒業して、すぐに社会人になる子がいてもいいわけです。しばらく実社会で働いてみて、改めて学ぶ意欲が高まったらタイプ③の大学に行くという選択肢も、当たり前になって然《しか》るべきでしょう。

とりあえず偏差値的に合格できそうな総合大学に入り、4年間、漫然とモラトリアムを過ごすという時代は、もう過去のものです。

大学の門戸が現役高校生だけでなく、すべての社会人に開かれている。いくつになっても学び続けるチャンスがある。人生のどのステージにあっても、いわば「探究心を満たす給油地点」のように、大学で学ぶことが選択肢にある。こうした環境下で様々な能力が健やかに育成され、活躍できる社会を、本当の意味で多様で豊かな社会というのではないでしょうか。

初等・中等教育は「6・3・3」制ではダメだ

「知的好奇心」の芽を摘んではいけない

知識の詰め込みではなく、探究する力を着実に伸ばすには、「小学校6年、中学校3年、高校3年」という構成にも見直しが必要になりそうです。

成長の速度は子どもによって違いますが、知的好奇心が急激に高まるのは、おおよ

「4・4・4」制のしくみ

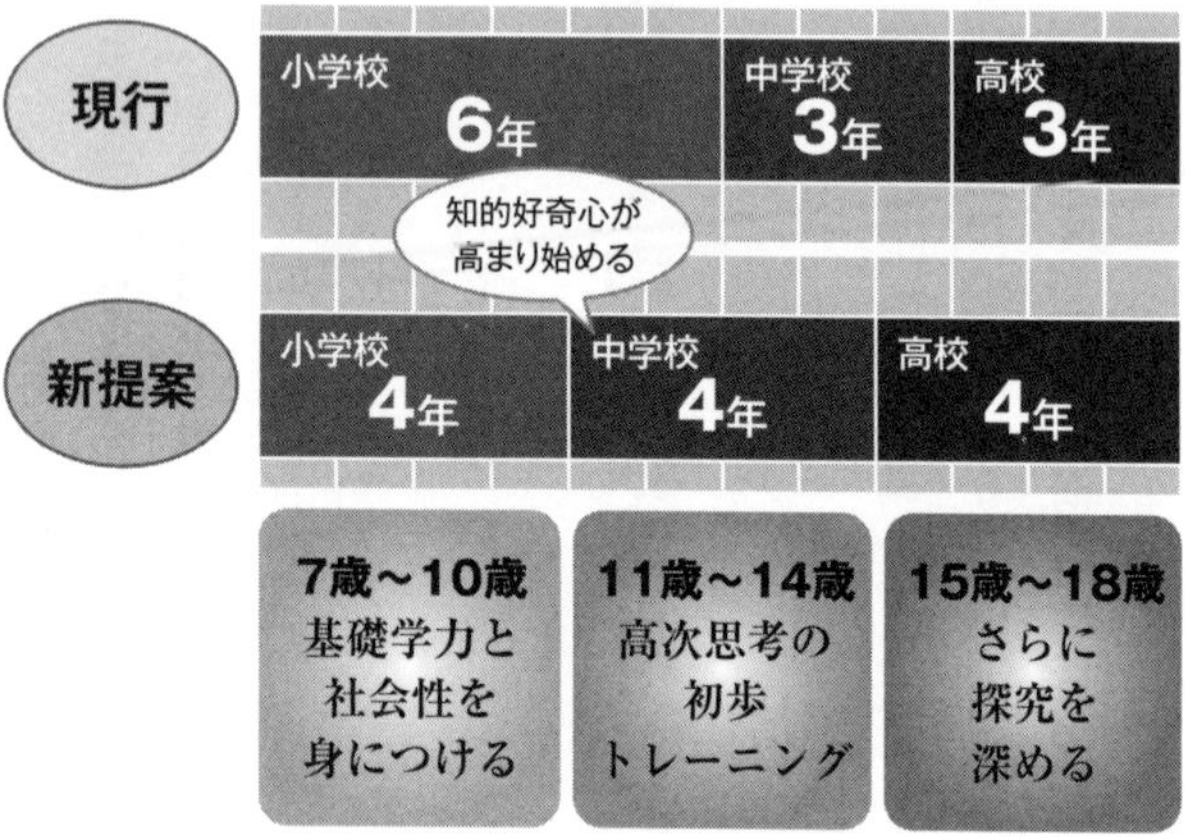

そ小学5年生です。このあたりで子どもの自我が確立され始めるため、それに伴って、いろんなことを考えるようになります。

ところが現行の構成だと、知的好奇心が高まってきた最中に小学校6年生を迎え、1年後には小学校を卒業して中学校に上がる。そこで、せっかく高まってきた知的好奇心がいったん分断されてしまうのです。

現在の中学校受験では、探究的な問題が多く出題されているため、中学校受験をする生徒だと、受験対策として探究的な頭の使い方をトレーニングするケースも多いかもしれません。しかし小学校のカリキュラム自体は、残念ながら、子どもの知的好奇心を満たし、伸ばすようなものにはなっていません。

理想を示すならば、11歳あたりで高まる知的好奇心を断ち切らず、大事に伸ばせるような区切り方にすることです。

たとえば、知的好奇心が高まる前でいったん区切って、小学校を7歳〜10歳の4年制にする。ここは基礎学力と社会性を身につける期間とします。

そして、知的好奇心が高まってきたあたりから、ある程度の期間、継続的に多くの時間を高次思考の初歩トレーニングに割けるよう、中学校も4年制（11歳〜14歳＝現行の小学5年〜中学2年）にする。

そして、ある程度、高次思考のトレーニングを積んだところから、さらに探究を深められるよう、高校も4年制（15歳〜18歳＝現行の中学3年〜高校3年）とする。

このような「4・4・4」制にするのは一案でしょう。

私立校に見られる「4・4・4」制の導入例

開智学園（埼玉）や聖心女子学院（東京）、立命館小学校（京都）など、すでに「4・4・4」制を採っている私立高の実例もあります。

そのうち聖心女子学院は、初等科6年、中等科3年、高等科3年と一見、「6・3・3」制になっているのですが、学校が設けている「学びのステージ」の区切りは、次のように「4・4・4」制になっています。

・1年〜4年＝学びの土台を築く「ファーストステージ」
・5年〜8年＝自主的に学ぶ姿勢を定着させる「セカンドステージ」
・9年〜12年＝一人ひとりの進路に対応できる真の力を育成する「サードステージ」

子どもの内的な成長プロセスに合致した理想的なカリキュラムだと思います。

私立の一貫校の場合、学区内の公立校進学組と中学受験組とに分かれることなく、ほぼ全員が同じ環境で一緒に進学します。だから、小学・中学・高校の区切りは「6・

3・3」制でありながら、内側のカリキュラムは「4・4・4」制にすることができる自由があります。

しかし公立校はそういきません。私としては見直しの必要性を訴えつつも、制度を作る側が早く「6・3・3」制の難点を悟り、子どもの内的な成長プロセスに沿ったカリキュラムを打ち出してくれるよう願うばかりです。

「日本の学校教師は忙しすぎる」問題をどうするか

教師という仕事も「ジョブ型」がいい

日本の学校、特に公立校は、よく「ブラック職場」と言われます。

それもそのはずで、学校教師はとにかく仕事が多い。担任としての業務の他、様々な学校業務に追われて疲弊しきっているところへ、「何かあったら学校の責任、教師の責任」という社会的プレッシャーが重くのしかかっているのが、多くの学校教師の現状でしょう。

学校教師の仕事は、大きく3つに分かれます。

ひとつめは「授業」。一般的に教師は週に16〜18コマほどの授業を受け持っているので、1コマ50分間とすると16〜18時間。週の勤務時間を40時間として、5割弱は授業に割いている計算になります。

ふたつめは「担任」。毎日の始業時と終業時のホームルーム、担当生徒の進路指導、学校行事でのクラスの活動の監督、保護者対応など、30〜40人のクラス運営のすべてが含まれており、かなりの負担になっています。

残る3つめは、授業と担任以外のもろもろの雑務、「分掌《ぶんしょう》」です。具体的には職員会議、総務的な書類作成および事務手続き、生徒の生活指導、部活の顧問、学校行事の「委員」や「係」などです。

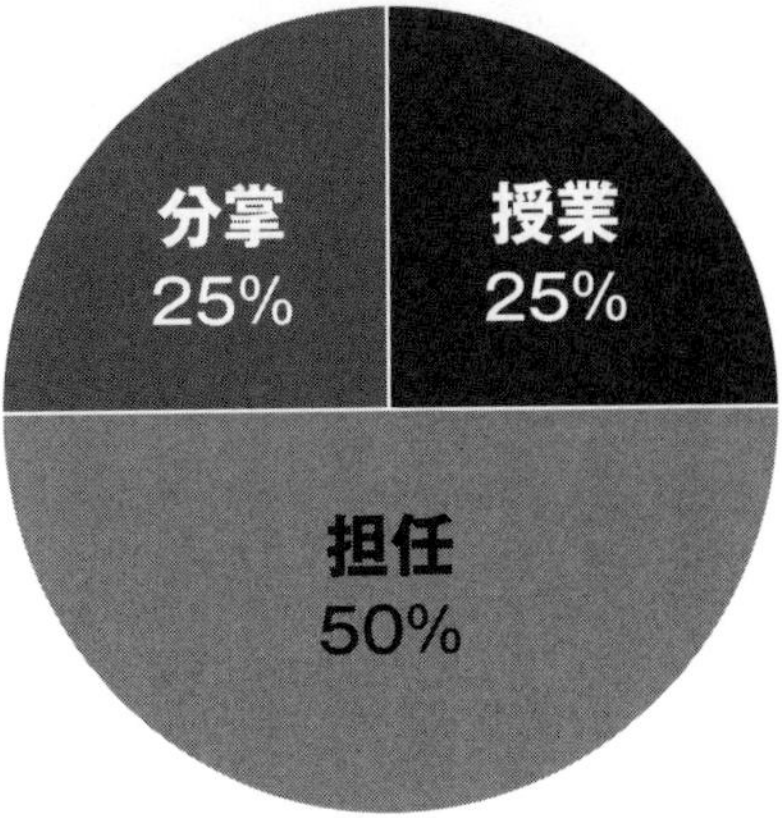

これらの業務を、時間でなく労力で配分すると、おおよそ上の図のような感じになると思います。

これならまだいいほうかもしれません。担任業務や分掌は常についてまわりますし、時期によっては増大します。そのたびに授業の準備に割く労力が圧縮されてしまいます。圧縮させまいとしたら、教師が余暇や睡眠の時間を削るしかありません。

こうした労働状況が、なかなか日本の学校が画一的な詰め込み教育から抜け出せない一大要因にもなっています。本当なら機械的・一方的に知識を授ける授業ではなく、高次思考を鍛える課題解決型の授業にしていくことが望ましいのですが、そんな授業を組み立てる余裕が、今の多くの学校教師にはないのです。

デジタルツールを活用して知識習得の段階を効率化し、高次思考を鍛える時間を多く設ける、定期テストの作成は生成ＡＩの助けを借りるなど、教師個人レベルで工夫できることもあるというのは、すでに述べたとおりです。

しかし、より根本的に「学校教師が忙しすぎる」問題を解決するには、学校の体制から変わる必要があるでしょう。

結論からいえば、学校教師の仕事は「ジョブ型」に変わっていくべきだと思います。

教師が、担当教科の授業、テスト、採点といった本来の仕事に加えて、担任、生活指導、進路指導、部活顧問、さらにはいろんな事情を抱えた生徒の心のケア、その他もろもろの業務に追われている現状を変えなくてはいけません。

だから、これからの教師の仕事は「担当教科に関すること」だけに特化させる。その他の学校業務は、教師が無理して分担するのではなく、「その道の専門家」に入ってもらえばいいのです。

すでに一般社会では、個々人がそれぞれの個性や技能を持ち寄ってひとつのものを作り上げるというのが当たり前になっています。それと同じことを、学校でも実装すればいいのではないでしょうか。

なかには、「私は生徒の心のケアが得意」「私は事務作業が得意」という教師もいるかもしれません。そういう人には、ぜひ得意なことを担当してもらったらいいと思いますが、その分の給料は上乗せすべきでしょう。教師を「何でも屋さん」として酷使するのではなく、得意なことだけできるようにしていくことが望まれます。

一方、「担当教科に関すること」に専念する教師が、他の場所でも教えて報酬を得られるよう、教師の副業のハードルを下げることも必要だと思います。

こうしたジョブ型の役割分担を取り入れると共に、業務そのものも、メスの入れ方次第でかなりの効率化が図れるはずです。たとえば会議の進行役や、資料、議事録、報告書、時間割などの書類仕事にＡＩを取り入れることで、人間が労力を割かねばならない部分を大幅に削減できるでしょう。

無意味な「校則」、激務の「担任制」は廃止

また、校則もゼロにするか、最低限にすることで、生活指導の労力が激減するはずです。近ごろ「ブラック校則」などというワードも登場していますが、多くの校則には理由がなく、ただ「生徒に言うことを聞かせ、画一的にするためのツール」に過ぎません。

そんな昭和・平成の遺物を、令和の世で大事に守っていく理由はないでしょう。

さらにメスを入れるならば、担任制の見直しです。

まず考えられるのは、1クラス1担任ではなく、1学年3〜4クラスを5〜7人の教師が担当するチーム担任制にすること。単純計算で、教師1人当たりの業務は軽減されます。

あるいは、いっそ担任制を廃止するのも一案です。

担任制が敷かれてきた一番の理由も、しょせんは「30〜40人の生徒たちを担任教師が管理し、目上の人に従う人間をつくるため」という昭和の発想です。そのせいで生徒は不自由な思いをし、教師にとっては、労力配分にして5割もの負担が加わるわけ

ですから、もう捨ててしまっていいのではないでしょうか。

英米の学校によく見られるように、廊下にズラリと生徒個人のロッカーが並んでいて、生徒が授業ごとに必要な教材を取り出して各教師の教室に行く、という体制にすればいいと思います。

クラスがあると、どうしても人間関係が閉鎖的になり、固定されてしまいます。でも、生徒が授業ごとに教室を移動するという体制ならば、「あの子とは国語の授業が一緒」「あの子とは算数の授業が一緒」という具合に人間関係が流動化します。いろんな子と接して柔軟な社会性を身につけるという点でも、この体制のほうが望ましいのではないでしょうか。

教師にとっても、担任という重石《おもし》が取れるのは大きなメリットだと思います。

今は、たとえば生徒が問題を起こすと、まず「どの先生のクラスの生徒か」という話になり、担任教師が呼び出されます。そこからは担任教師が保護者への連絡などをして対応に当たり、最後は職員会議で報告するための書類を作成する、という手順を踏むことが大半です。

はたして、ここまで担任教師が担うべきなのでしょうか。まず子どもの基本的な躾《しつけ》は、第一に親の役割であるはずです。そのうえで、問題を起こしたとされる生徒とじっくり向き合い、話を聞き、親とも話し合うとなると、これは教師ではなくカウンセラーの職域でしょう。

だから、スクールカウンセラーを設置し、勉強以外の生徒の問題には教師ではなく、その道のプロであるスクールカウンセラーに対応してもらう。やはり教師の仕事を「ジョブ型」に変えていく一環として、クラスをなくすことも検討してはどうか、というわけです。

「面倒見のいい先生」という呪縛を解く

特にここ数十年は、少子化が進んだ影響なのか「面倒見のいい担任教師」が求められる傾向が強くなっています。

親も生徒自身も担任教師の手厚い対応を欲しており、それを提供することが教師の自己有用感や自己承認欲求を満たすことにつながっている。この三《み》つ巴《どもえ》で、担任業務はどんどん重くなるばかりなのです。

すでに担任教師はパンク状態。かくなるうえは、「学校や担任教師は何ができて、何ができないのか」の線引きから見直す必要があるわけです。

担任制を廃止すると、いろいろと不具合が生じるのではないかという懸念もあるかもしれません。

考えられるのは、生徒の出席日数、教科の履修状態、成績などの管理ができなくなることや通信簿を作れなくなることだと思いますが、これらは、今やデジタルツールで代替可能です。

職員室で生徒のデータを共有し、特にフォローが必要と思われる生徒には、個別にスペシャリストが対応するというフローを作っておけば、むしろ30〜40人の生徒を1人の教師が見ている現在よりもきめ細やかな対応が可能になるでしょう。

今、示した「教師の仕事のジョブ化」「教師の副業許可」「デジタルツールによる学校業務の効率化」「校則のゼロ化や大幅カット」「担任制の見直し・廃止」などにより、学校がブラック職場でなくなれば、きっと教師を志す人も増えるはずです。

教師の職場環境はこう変わるべき

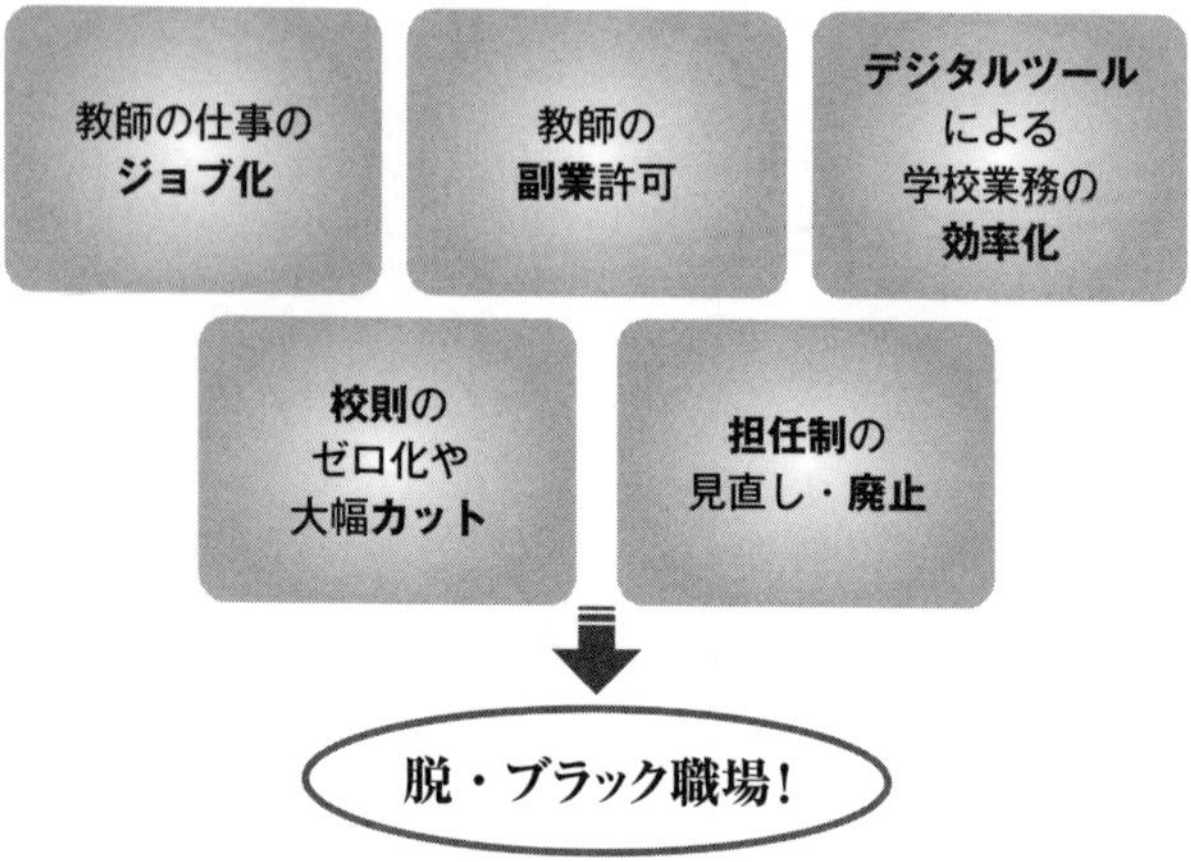

そして何より、そのように学校が変わることが、未来ある生徒たちに大きく利することになります。

教師は過重業務から解放される分、課題解決型の授業を通じて本来の学びを提供できるようになります。教師自身もまた、生徒たちと共に高次的に考えることを楽しめるようになるでしょう。

そんな教師の姿を見た生徒たちは大いに刺激を受け、学ぶことに積極的になる。これこそが、今すぐにでも、学校そのものが変化の先鞭《せんべん》をつけるべき最大の理由です。

今こそ、真に「得意を伸ばす教育」を実装する

1クラス100人、授業は成り立つか？

少子化が急速に進んでいる日本ですが、もし、このまま学校教師の志望者が減り続けたら、むしろひとりの教師が担当する生徒の数は増えていくでしょう。

現在は1クラス30〜40人が普通のところ、20年ほど後には1クラス100人くらいになっているかもしれません。

「それではとても授業が成り立たない。大変なことになる」と思ったでしょうか。私の見立てでは、ひとりの教師が100人の生徒に向けて授業をすることは十分可能です。

そもそも、なぜひとりの教師が見るのは30〜40人が限界とされているのでしょう。なぜ、少人数制のほうがいいと思われているのでしょうか。それは、教師は授業につ

いてこられない子をフォローしたり、授業を聞かない子を叱って集中させたりしなくてはいけないという前提条件があるからです。

たしかに、クラスの隅々にまで目配りするなら、ひとりで担当するのは30～40人が限度でしょう。仮に100人に向けて授業をするとして、後れを取っている生徒をフォローし、授業を聞いていない子を叱って集中させ……ということをやっていたら、とうてい授業は成り立ちません。

しかし、そういう教師のあり方自体が、今後は変わっていく、変わっていくべきだとしたらどうでしょうか。

学校は、もはや画一的にジェネラリストを育てる場ではありません。教師の役割は、テストで全員に及第点を取らせることではありません。

ならば、もう、教師は後れを取っている生徒をフォローし、授業を聞いていない子を叱って集中させ……ということに必死にならなくていいはずなのです。この前提ならば、100人に授業をすることもできるでしょう。

学びたくないことは学ばなくていい、それでいい

こんなことを言うと、「ついてこられない生徒を放置するのか」といった反発の声が聞こえてきそうです。しかし、考えてもみてください。

授業で後れを取っている生徒はフォローし、授業を聞かない生徒は叱って集中させ、さらにはテストで赤点を取った生徒には特別メニューの宿題、補講、追試を課す。それでも、たいていは、その教科が嫌いな生徒は嫌いなままでしょう。

ひとりで受け持つのが30人だろうと40人だろうと、もっといえば10人だろうと、その教科に関心を持てない生徒は授業を聞きません。

この「不都合な真実」を無視して、こぼれ落ちている生徒に目配りし、表面上は一斉に机に向かわせ、揃って及第点を取らせようとするのは、なぜなのでしょう。はっきり言えば、「自分はやれるだけやっています」という免罪符を保護者に示すため。これが大きいのではないでしょうか。

でも、もうそんな免罪符作りは必要ありません。もはやジェネラリストを育成することが教師の役割ではないのなら、ある教科が好きな生徒、嫌いな生徒、得意な生徒、

苦手な生徒、様々でいいではないですか。

一授業を50分間として、知識習得はデジタルツールによる効率化で15分ほどに圧縮する。そして残りの35分間は、問いを与えて共に探究する時間とするなど、高次思考的な授業をする工夫は必要です。ただ、その授業をおもしろがるかどうかは、生徒一人ひとり次第です。そして生徒一人ひとり、好き嫌いも得手不得手も違います。

だから、学びたくない教科なら、学ばなくていい。考えたくない課題なら、考えなくていい。ただし学ばなかったり考えなかったりした結果は、確実に、その教科の成績に現れてくるということを、生徒自身も保護者も、そして教師も受け止めるしかありません。

嫌いなこと、苦手なことを無理に学ばせようとしても、誰のためにもならないのです。むしろ、スペシャリストが必要とされる時代に、学びたい教科だけを学ぶことを許した結果、生徒ごとに異なる「好き」「得意」が見えてくる。そのほうが、「全教科及第点」を目指すことよりも、よほど価値があると考えるべきでしょう。

そもそも「学ぶ機会は学校にしかない」「学ぶには教師が必要である」とは限りませ

ん。人は、いつ学びたくなるか、いつ学ぶ必要に迫られるかわかりませんし、学びたくなったとき、学ぶ必要に迫られたときが「学ぶベストタイミング」ともいえます。学校という場に身を置かなくては学習できない、教師がいなくては学習できないわけではなく、社会に出てからでも、自分で学習することは十分可能なのです。そう考えれば、学校にいる間に全方位的に学ばなくてはいけないない根拠は、ますます乏しくなります。

学校は「社会ぐるみの共同プロジェクト」である

学校業務もアウトソーシングの時代に

教師という仕事がジョブ型になっていくにつれて、学校に関わる様々な業務は外注されるようになっていくでしょう。

テストの点数を取らせることに関心がある人は塾・予備校、教育のデザインに関心がある人は教育関連の民間企業へと、ただでさえ教師になりたい人が少ないなか、すべての学校業務を学内で抱えるには限界があります。

多岐にわたる膨大な業務を、少ない教師で何とか役割分担して回していくという体制では遅かれ早かれパンクしてしまうに違いありません。

この点でもやはり学校という社会は特殊です。民間企業ならば、仕事は社外の人間も含めたチームワークであり、必要な業務ごとに外部のスペシャリストに発注するのは当たり前に行われています。

それにならって、学校も教師本来の仕事ではない業務はどんどん外注することで、教師の負担を大幅に軽減できるでしょう。学校は、未来ある子どもたちを育成する大切な場です。だからこそ、学校を「教師だけで運営する閉鎖的な空間」から、「社会に開かれ、社会ぐるみで運営していく共同プロジェクト」にしていくのです。

すでにお伝えしてきたように、教師の負担軽減は単に教師を楽にするのではなく、教師本来の仕事である「授業」に、より多くの時間を割くことにつながります。業務の負担が軽減された分、生徒の学ぶ力や思考力を伸ばせるよう練り込まれた「探究」の時間を、しっかり準備できるようになるわけです。

さらには教科によっては、授業も外注していいと思います。

たとえば体育、図工、美術、家庭科といった技術・技巧系は、外部から専任講師を招く。ある分野のプロでも、その仕事だけでは生計を立てられない人はたくさんいます。そういう人の副業の選択肢のひとつに学校が加わるというのは、いいアイデアではないでしょうか。

また、5教科の国語、算数（数学）、理科、社会、英語は、授業で後れを取っている生徒のフォローアップ要員として、塾や予備校の講師を入れるというのも一案です。

小・中・高校の理想は「幼稚園のような多様性」

さらに先の話をすると、これから30年、40年、50年をかけて、日本の学校はもっと多様化していくべきです。

すでに幼稚園は多様です。「遊び」に力を入れている幼稚園、「英語」に力を入れている幼稚園、「早期知能教育」に力を入れている幼稚園など多様な選択肢のなかから、子どもの適性に合わせて選べるようになっています。

ところが小学校に上がったとたん、画一化、均質化された教育が始まってしまいます。それが高校まで続き、かつて幼稚園では自由に振る舞うことができた「変わった子」は小学校から高校の過程で矯正されます。

おそらく、大部分は受験のせいでしょう。「猫も杓子《しゃくし》も大学進学」のごとく、大学受験に向けて知識を詰め込み、本当は多様な個性や才能の持ち主である子どもたちを、多様性を許さない枠にはめてきたのです。

こうした学校教育が続く限り、いくら世間では「多様性が大事」と叫ばれていても、多様な個性や才能をもつ人材は輩出されません。本当に一部の「出る杭《くい》」を除いて、多くの生徒が、小学校から高校までの12年間をかけて均質化されているのですから当然でしょう。

幼稚園は、まだ受験を意識しなくていい段階だから、運よく多様性が叶っているのでしょう。でも、これからは小学、中学、高校も、現在の幼稚園くらい多様になっていったらいいのでないかと思います。

たとえば、「ICT（情報通信技術）に特化した学校」「芸術に特化した学校」「スポーツに特化した学校」——いろいろと考えられるでしょう。

数ある選択肢のなかから、子どもたちが自分に適した学校を選べるようになれば、成績ひとつで序列化されることはなく、したがって無用な劣等感にさいなまれることもなく、いきいきと学び、各々の個性や才能を花開かせていけるはずです。

未来の社会は、現在の子どもたちがゆくゆく作っていくものです。

30年先、40年先、50年先の日本社会がどうなっているのか。多様な人々が自身の個性を否定されることのない、寛容な社会になっているのか。それは、30年、40年、50年先に大人となって社会を作っていく子どもたちを、今から、どう育てるかにかかっているというわけです。

学校は、生徒が「生き方」を考える最初の教場

子どもが生きる未来に「大人の経験則」は無意味

世の中は常に移り変わっています。今の子どもたちが今後生きていく時代、社会は、今の大人が生きてきた時代、社会とは違って当然です。

大人は、つい自分たちが生まれ育った時代の価値観や経験則で物事を語りがちですが、それを子どもたちに押し付けること自体、ナンセンスなのです。

現在の子どもたちの親の世代は、１９９０年代～２０００年代に教育を受けてきた人が多いことでしょう。当時、学校教育で重んじられていたのは、より多くの知識を習得させることでした。大学受験の偏差値主義も、まだまだ生きていました。

しかし、皆さんすでにお馴染《なじ》みのように、インターネットがすっかり普及し、スマートフォンが登場すると、頭の中に蓄積されている知識量は、それほど大きな問題で

はなくなりました。スマートフォンをちょっと操れば、自分の代わりに、巨大なウェブ空間から必要な知識を引っ張り出してきてくれるからです。

就職先も、以前なら大手商社や大手メーカーなどの大企業に入れば安泰とされていました。それが、ベンチャーの初期メンバーとして創業者と共に自社を成長させることや、自身がベンチャーを起業することなども選択肢に入るようになりました。

一昔前の親世代なら、きっと「IT企業なんて、よくわからない。怪しい」と眉をひそめていたでしょう。その怪しいIT企業がGAFAM（「G＝Google」「A＝Amazon」「F＝Facebook（現Meta）」「A＝Apple」「M＝Microsoft」）やMATANA（「M＝Microsoft」「A＝Amazon」「T＝Tesla」、Googleの親会社で、ほぼGoogleの「A＝Alphabet」、「N＝NVIDIA」「A＝Apple」）と称される巨大テック企業に大成長しています。

「疑似社会」としての学校の機能とは

ここ20年ほどで、知識の詰め込みと引き換えに重要になってきたのが、個々人の個性や才能を生かして、どう生きるか、という問題です。

自分には何ができるのか。何をしたいのか。できること、したいことをもってどう社会と関わり、生きていきたいのか——。一人ひとりが、こう問われるようになっているのです。

今、子ども時代を生きている生徒たちも、すぐに、この問いに直面します。そんな生徒たちに対して、学校ができることは何でしょうか。

学校は、年齢別に分けられた集団が一緒に時間を過ごす場所です。あまりにも当たり前すぎて不思議に思ってこなかったかもしれませんが、同年齢の集団のなかで行動するというのは、実社会ではほとんど見られない特異な状況です。

そこで学校にできることは何か。

学校では同年齢の子どもたちを一斉に学ばせ、テストを出し、一方的に子どもたちの能力に序列をつけますが、学校という閉鎖的な環境でつけられる序列には、実際、何の意味もありません。

では改めて、学校にできることは何か。それは、年齢別に分けられたコミュニティのなかで他者との交流や議論の経験を生徒たちに積ませることです。

そのなかで、一人ひとりが好きなこと、得意なことを通して「仲間」に出会える。そして学校の先にある社会でやりたいことを見つけていく。こうして自分自身が幸せな生き方をすると共に、身近な人を幸せにしながら、社会に対しても何らかの形で貢献していく。

ひと言で言うならば、そんな自他の幸福を叶える充実の人生を歩んでいくための素地を培う機会を与えることが、学校の最大にして最重要な役割、機能です。

学校は疑似社会です。そこでの他者との交流や議論は、実社会に出る前のトレーニングです。実社会に出てからが本番であり、生徒たちは、自分には何ができるのか、何をしたいのか、それらをもってどう社会と関わり、生きていきたいのかを、ずっと考える続けることになります。

何もトレーニングを積まずに、いきなり実社会に放り出されて初めて自問することになるのは酷でしょう。学校とは、この不確実性の高い多様な社会で自分の生き方を考え続け、見つけていくという探究の道のりの第一歩を踏み出す場。長い人生の最初の教場なのです。

おわりに

「考えなさい」と言いながら、生徒が考えないようにしてきたのが、日本の教育なのかもしれません。「考えさせる」のは、時間がかかるうえに個人差も大きく、効率的にテストの点を上げるには、タイパが悪い行為です。

それよりも、知識を丸暗記させ、パターン認識をさせたほうがテストの点数はすぐに上がります。点が取れない場合は、考えなくてすむような課題を提出したら平常点でカバーするといった指導法で単位を認定し、辻褄《つじつま》を合わせるやり方が多くの教育現場で実践されてきました。

では、その結果どうなったのでしょうか。「考えない」生徒が大量生産されました。指示通り仕事をやればいい時代はそれでもよかったのかもしれませんが、21世紀になり、仕事で求められる力もすっかり変化しました。

「生成ＡＩ」の登場が、社会のあり方を激変させるのは間違いありません。「生成ＡＩ」は「考える」人にとっては最強のパートナーになるでしょう。「考えない」生徒ではなく「考える」生徒が、未来の社会を幸せに生きていくのは間違いありません。そのためには、教育のあり方を抜本的に見直さなければいけないと思い、教育のあり方を考える本を書かせていただきました。少々極端な表現、厳しい物言いも見られますが、すべて、私の切なる思いから出たものです。

経済産業省の「未来の教室」には、教育コーチとして関わってきました。Ed Tech関連の情報が欲しい方は、ＨＰものぞいてみてください（https://www.learning-innovation.go.jp/）。

生成ＡＩの使い方に関して興味のある方は、『教師のための ChatGPT 入門』（福原将之、明治図書、２０２３年）をぜひご一読ください。

本書の執筆にあたって、多くの方々からお力添えいただきました。特に、ＩＴ起業家のトキワエイスケさんからは、本書全般にわたる大きなヒントをいただきました（彼の著書『悪者図鑑』（自由国民社、２０２１年）はオススメです）。

末筆ではありますが、常に心を支えてくれる妻の美恵には心からの感謝を贈りたいと思います。

最後の最後に、この激変の時代に教育に力を注ぐ教師、保護者のみなさん、そして何より、これからの社会を生きていく子どもたちに幸あらんことを！

２０２３年11月

石川一郎

著者略歴
石川一郎（いしかわ・いちろう）
学校改革プロデューサー。うつほの杜学園（仮称）理事。カリキュラムマネージャー（聖ドミニコ学園、星の杜中・高等学校、福山暁の星学院中・高等学校）。専修大学北上高校理事。現在、多くの学校の教育改革に関わる。1962年東京都出身、ニューヨークで生活の後、暁星学園に学ぶ。85年早稲田大学教育学部社会科地理歴史専修卒業。暁星国際学園、ロサンゼルスインターナショナルスクールなどで教鞭を執る。元かえつ有明中・高等学校校長。香里ヌヴェール学院学院長。著書に、『2020年の大学入試問題』（講談社）、『学校の大問題』（SBクリエイティブ）、『いま知らないと後悔する2024年の大学入試改革』（青春出版社）、共著に『先生、この「問題」教えられますか？』（洋泉社）などがある。

SB新書　638

捨《す》てられる教師《きょうし》

AIに駆逐《くちく》される教師《きょうし》、生《い》き残《のこ》る教師《きょうし》

2023年12月15日　初版第1刷発行

著　　者　石川一郎《いしかわいちろう》
発 行 者　小川 淳
発 行 所　SBクリエイティブ株式会社
〒106-0032　東京都港区六本木2-4-5
電話：03-5549-1201（営業部）
装　　丁
本文デザイン　杉山健太郎
D T P
目次・章扉　株式会社キャップス
校　　正　有限会社あかえんぴつ
編集協力　福島結実子（アイ・ティ・コム）
特別協力　トキワエイスケ（株式会社SUNBLAZE）
田中康平（株式会社ネル・アンド・エム）
編　　集　大澤桃乃（SBクリエイティブ）
印刷・製本　大日本印刷株式会社

本書をお読みになったご意見・ご感想を下記URL、
または左記QRコードよりお寄せください。
https://isbn2.sbcr.jp/22961/

落丁本、乱丁本は小社営業部にてお取り替えいたします。定価はカバーに記載されております。
本書の内容に関するご質問等は、小社学芸書籍編集部まで必ず書面にて
ご連絡いただきますようお願いいたします。

ISBN 978-4-8156-2296-1